Introduzione

Nel vasto panorama dell'arte, pochi artisti possono vantare un impatto tanto rivoluzionario e duraturo quanto Claude Monet, il pittore che ha segnato il corso dell'impressionismo e ha contribuito a ridefinire il concetto stesso di pittura. Nell'opera di Monet è catturata ed espressa la poesia dell'attimo della luce. Si tratta di una luce sempre mutevole, che senza sosta cambia l'aspetto ed il colore delle cose. L'artista, studioso appassionato delle variazioni della luce e delle variegate magie del colore, elimina la plasticità da ciò che ritrae, sforzandosi di rappresentare il tutto nell'immediatezza del suo apparire alla coscienza. Questi, insieme a tantissimi altri, sono solo alcuni dei motivi che rendono Monet un rivoluzionario e che gli attribuiscono un posto di primaria importanza nella storia dell'arte occidentale.

Le donne in giardino

Inizieremo a raccontare qualcosa su questo straordinario pittore, partendo da un quadro del 1866: le donne in giardino. Monet ha 26 anni, l'anno prima si è affermato al salon alla grande mostra ufficiale francese e vive con una giovane donna, che è anche la sua modella, Camille, ed in questo dipinto la ritrae ben tre volte, perché spetta a quest'unica modella il compito di impersonare le tre donne brune che si vedono nel dipinto. Monet spera, con quest'opera, di imporsi definitivamente. Il quadro, in realtà non ottiene il successo sperato, in quanto un quadro già troppo avanzato per l'epoca. Questa pittura, non a campitura piatte, ma così vibrante e attenta, stupisce per la luce. Questa attenzione per le figure femminili colte, quasi come elemento del paesaggio, è un altro dato che non è consueto all'epoca. L'opera, quindi, che l'artista proporrà al Salon viene rifiutata. È una cosciente delusione, un rancore, se vogliamo, che Monet porterà per tutta la vita ed alla fine della sua carriera, quando Monet sarà affermato, questo quadro verrà imposto allo stato francese in cambio della donazione delle sue meravigliose ninfee. Per poter avere quel dono, la Francia lo deve ripagare dell'onda, che, in qualche modo, l'artista ha sofferto. Siamo in un momento in cui Monet ancora si cimenta molto con la pittura di figura. Vedremo che, tra breve, il suo orientamento prevalente sarà verso il paesaggio, ma già in questa fase notiamo questa sua attenzione straordinaria per la mobilità dell'effetto luminoso.

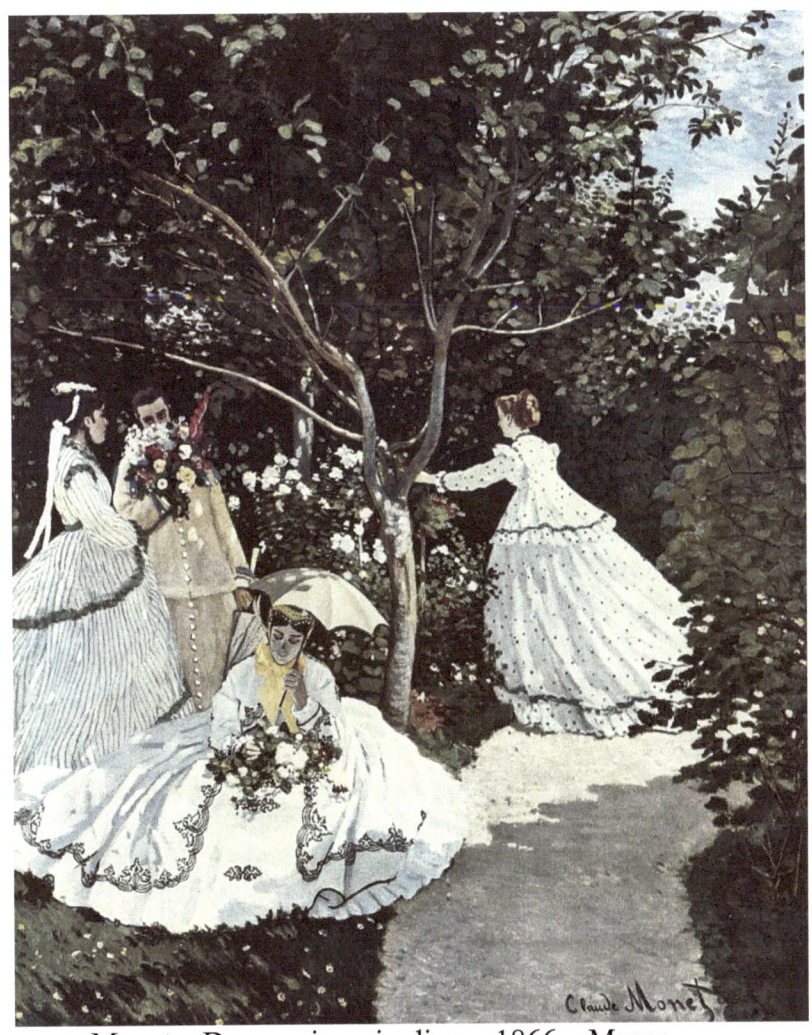

Monet, Donne in giardino, 1866, Museo d'Orsay, Parigi.

L'arte en plein air

Claude Monet nasce a Parigi nel 1840 in una famiglia della piccola borghesia cittadina, che dopo 5 anni si trasferisce a Le Havre. Qui, il giovane Claude, manifesta la sua passione per il disegno, realizzando caricature, fino all'incontro con il pittore con Boudin, che lo indirizza alla pittura di paesaggio en plein air. All'età di 19 anni si reca a Parigi dove frequenta l'Accademia Suisse, conoscendo Cezanne e Pisarro e studia le opere di Delacroix. Dopo due anni di servizio militare in Algeria, Monet ritorna a Parigi e contrariamente ai suoi coetanei non si interessa agli esempi pittorici conservati al Louvre. Insieme a Renoir e a Sisley, forma un gruppo di artisti indipendenti in cui la natura è l'unica fonte di ispirazione. Sono anni di difficoltà, di lavoro accanito e di alterne fortune. Monet espone periodicamente al Salon senza troppo successo e nel 1867 la giuria rifiuta quello che diventerà uno dei suoi più noti capolavori: Donne in giardino. Nel 1870 il pittore parte per l'Inghilterra dove scopre le opere di Turner, che risulteranno fondamentali per la sua maturazione artistica. Al ritorno da Londra, infatti, il colore della sua tavolozza si diluisce e l'attenzione si rivolge unicamente al paesaggio. Il 15 aprile 1874 si inaugura, a Parigi, la prima mostra del gruppo impressionista: è proprio una tela di Monet, Impressione a Levar del sole, a dare il nome al nuovo stile che si pone in netto contrasto con la tradizione accademica. Dopo un fecondo soggiorno ad Argenteuil, nei pressi di Parigi, Monet, all'età di 43 anni, si stabilisce a Giverny. Qui inizia a dipingere le ninfee, 250 opere che descrivono il giardino dell'autore e che occupano gli ultimi 30 anni della sua produzione. Nel frattempo, visita molti paesi europei tra i quali l'Italia, celebrando Venezia in famose vedute. Raggiunte, finalmente, fama e ricchezza, Monet muore a Giverny nel 1926, dopo aver speso tutta la sua carriera a dipingere gli effetti più mutevoli della natura.

Il ritratto di Madame Gaudibert

Monet non è noto come ritrattista eppure alcuni dei suoi dipinti di questo genere sono dei veri capolavori. Tra questi vi è il Ritratto di Madame Gaudibert, una giovane ventiduenne, moglie di uno dei primi committenti di Monet. L'artista in questa fase è entrato in un momento di vera penuria economica che durerà quasi un decennio e quindi il fatto di essere chiamato per fare il Ritratto di questa bella signora rappresenta una vera boccata d'ossigeno. Con Camille hanno già partorito il primo figlio Jean. Tuttavia Monet ha la grande stima del marito di Madame Gaudibert e deve combattere invece con la famiglia di lei, la quale non apprezzerà per nulla questo meraviglioso ritratto. È un ritratto, in effetti, che potremmo definire ambientato. Come potete notare, la scelta di rappresentare la donna di profilo, e non di fronte, anzi di quello che si dice il profilo perduto, con un viso che si intuisce appena, dà il massimo rilievo, invece, alla sua figura e alla sua posizione nell'ambiente. È un ambiente borghese con un tappeto fiorito, con una grande tenda colorata e quindi Monet riesce a non vincolarsi allo sfondo uniforme, dando invece alla figura umana il suo contesto vero, come in una fotografia. Il lavoro sui colori permette all'artista di combinare questo bellissimo scialle che avvolge la figura con i colori dello sfondo e viene dato rilievo anche alla natura morta delle rose. Le opere di Monet vengono giudicate dalla famiglia Gaudibert di una volgarità quasi diabolica. Questo per dire che per la società borghese dell'epoca, rispecchiarsi alla propria immagine fedele non era facile. Il ritratto doveva ancora avere la solennità e l'astrazione del secolo precedente e per questo che l'eccessiva novità di questo quadro di Monet non viene percepita. Quindi il rapporto di Monet con la sua città natale, Parigi, e con la sua città di adozione, Le Havre, si articola subito in maniera complessa. Diciamo che l'aver iniziato a frequentare, a Le Havre, un pittore abbastanza fuori dagli schemi convenzionali, come Boudin, gli consente di avvicinarsi, già, allo spirito dell'avanguardia, senza dimenticare che a Parigi frequenterà l'Accademia Suisse, nota per lasciare tanta libertà ai suoi allievi. In questo luogo conoscerà artisti che saranno poi suoi compagni di strada, come Pizarro, Sislay e Renoir, creando i presupposti per la fondazione del gruppo impressionista.

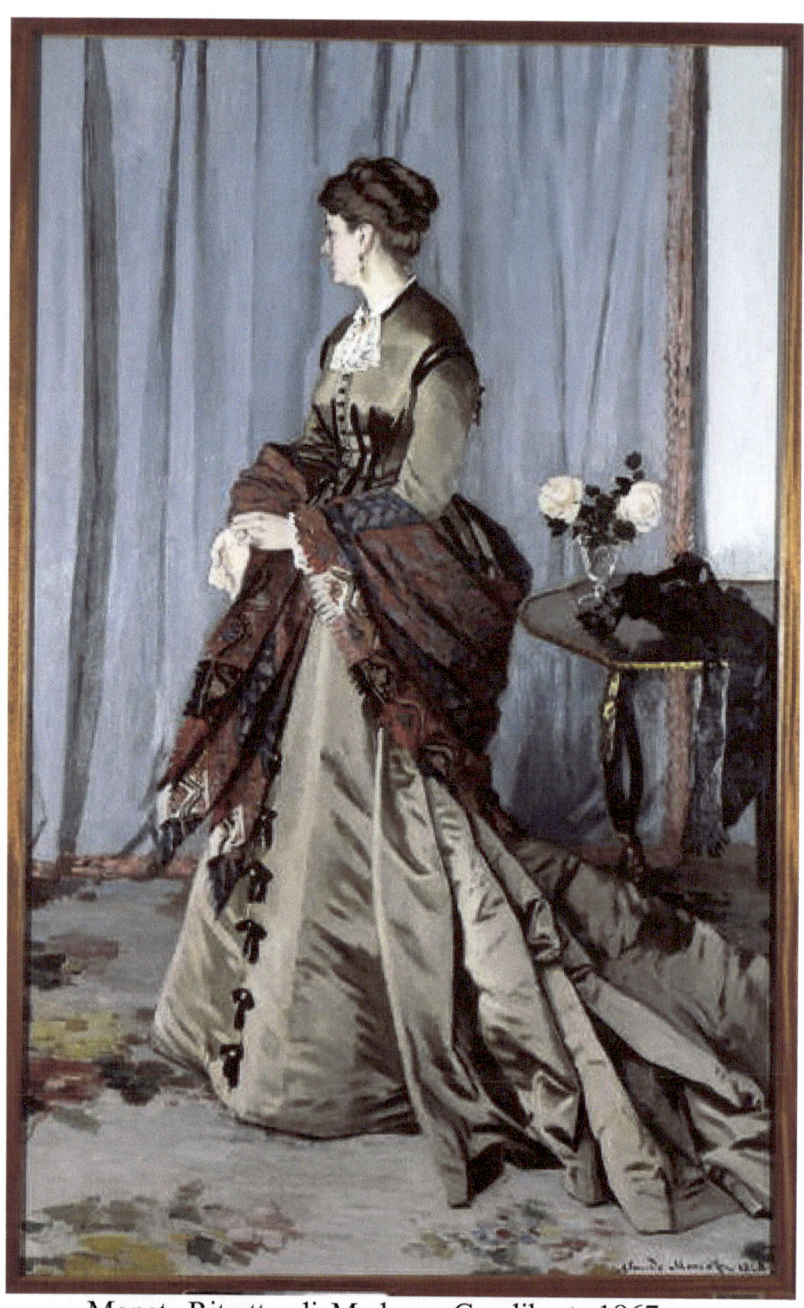

Monet, Ritratto di Madame Gaudibert, 1867,
Museo d'Orsay, Parigi.

Impressione. Sole nascente

Quando Monet, già anziano, viene interrogato sulla sua partecipazione all'Impressionismo, sostiene che il suo grande dispiacere era di aver contribuito di aver dato il nome a un movimento la cui maggioranza dei membri non aveva nulla di impressionista. In effetti, come molti sanno, il nome Impressionismo deriva, appunto, da questo quadro di Monet: Impressione, il Sole nascente. Si intitola così, perché quando all'artista fu chiesto di dare un titolo per il catalogo lui decise di sintetizzarlo in Impressione. Successivamente la critica malevola, nel corso della mostra, la prima della società anonima degli artisti indipendenti nel 1874, prese questo termine "impressione" nel suo senso dispregiativo, definendola la mostra della pittura impressionista. Dunque la prima accezione di questo termine voleva dire fuggevole, transitoria, non definitiva, in tutto ciò che poteva significare di negativo questo termine nella società ottocentesca. L'opera di Monet, peraltro, disse la critica malevola, è fatta in modo che perfino un bambino riuscirebbe a realizzare un disegno più rifinito. È l'incompletezza, l'indefinizione, quello che verrà rimproverato a Monet per tutta la sua carriera, anche da parte dei suoi collezionisti, come vedremo ad un certo punto, l'accusa sarà sempre quella di non rifinire abbastanza i quadri. Invece è proprio questo, come sappiamo, l'elemento rivoluzionario. La mostra che si svolge nell'aprile del 1874, nello studio in smantellamento del fotografo Nadar, mette artisti di varie tendenze. Non è poi così compatto questo gruppo inizialmente. Partecipa anche un italiano, Giuseppe De

Nittis, che è ormai un artista affermato e partecipano anche personaggi come Renoir, che sono vicini alla poetica di Monet, ma anche altri che non si accostano. Non interviene in questa mostra, né tantomeno nelle altri, quello che è considerato il padre degli impressionisti: Manet. Però la confusione Manet-Monet, che da qualche anno aveva già caratterizzato il dibattito artistico francese continua. Monet riesce a vendere questo quadro a un suo grande ammiratore, Ernest Hoschedé. Il personaggio sarà molto importante nella sua vita, come vedremo, ma l'aver cominciato a collezionare gli impressionisti costerà molto a questo commerciante di tessuti: egli fallirà a causa della passione impressionistica. Tornado al dipinto, questa impressione di sole nascente ha l'ambizione, se vogliamo, che l'artista perseguirà per tutta la vita, di fissare l'attimo fuggente. Quella particolare atmosfera, estremamente effimera e breve, viene fissata un attimo dal nostro occhio e Monet prova a renderla definitiva. Vedremo che il tema dell'effetto sarà poi quello forse più importante di tutta la pittura di Monet. Tuttavia è anche l'uso dei colori puri a risultare straordinario: l'artista evita, per quanto possibile, di impastare il colore e cerca, invece, di accostarlo nella sua forma così detta a pasta piena, nella sua forma pura. Questo effetto del rapporto tra i colori fondamentali è poi una delle grandi tematiche dell'impressionismo e sarà poi uno degli argomenti di contestazione da parte dei giovani, dei così detti artisti che seguiranno una teoria propriamente scientifica del colore. Il paesaggio era sempre stato importante nella pittura anche per la sua riconoscibilità, oppure per il fatto di essere decisamente un luogo ideale, un luogo non identificabile, pensiamo al paesaggio seicentesco di Poussin, ma anche quello che era stato poi il paesaggio classico fino all'inizio del '700. La caratteristica della pittura di Monet è quella di scegliere un luogo preciso e di renderlo, per certi versi, un luogo ideale, un luogo anche indefinito e quindi, qualunque collocazione può diventare lo spunto per creare questa sensazione di sospensione totale tra il cielo e la terra, tra la realtà e il sogno. Non c'è una dimensione sentimentale nelle opere di Monet, ma vi è questo senso dell'aria che fa parte di tutta una lunga tradizione della pittura occidentale, basti pensare ad artisti come Giovanni Bellini e Giorgione. Pochi artisti si sono occupati dell'aria, i grandi pittori veneti come i due già citati, ma anche Tiziano, lo hanno fatto egregiamente, ma ciò che interessa a Monet non è tanto il soggetto ma ciò che vi è tra lui ed il soggetto. Al pittore interessa che la "cosa" sia immersa nella bellezza dell'aria. La bellezza dell'aria è ciò che rende la visione sempre meno nitida, ciò che permette il prevalere dell'azzurro. Lo stesso Leonardo diceva che la lontananza inazzurra le cose ed effettivamente in opere come queste cogliamo questo senso di spessore di ciò che ci separa dall'oggetto che vediamo.

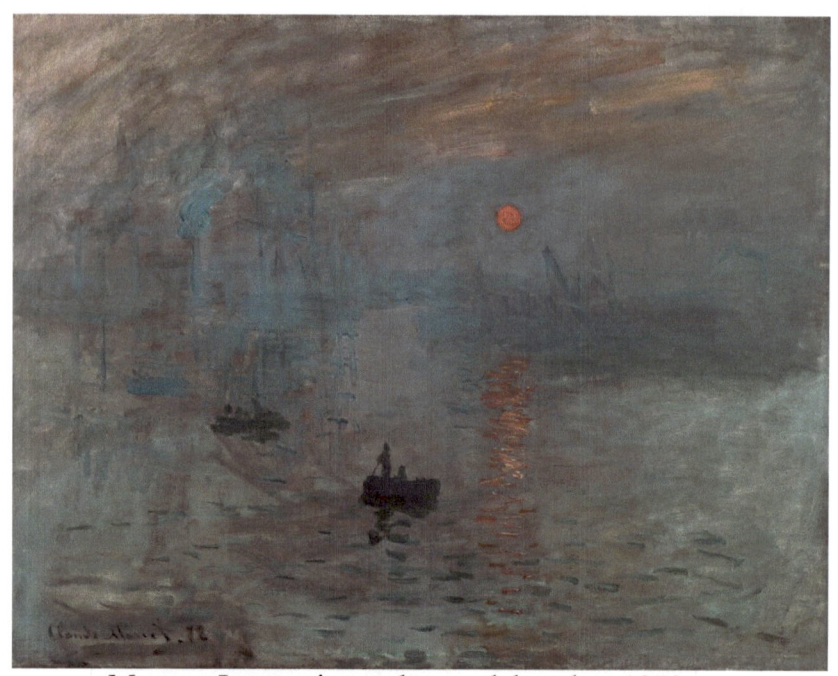

Monet, Impressione, levar del sole, 1872,
Museo Monet, Parigi.

L'Impressionismo

Nella seconda metà dell'Ottocento, Parigi fonda il suo prestigio sulla superiorità nel campo tecnologico, sulla potenza capitalistica e sui nuovi sistemi di comunicazione e di trasporto. La borghesia, pur essendo animata da istanze progressiste in campo economico e scientifico, conserva un gusto artistico tradizionalista. La sua abbondante richiesta di opere è per tanto rivolta ai pittori accademici che espongono ai Salon ufficiali. Nel 1863 è inaugurato il Salon des Refuse in cui vengono ospitati i dipinti esclusi dal Salon Ufficiale. Tra questi, La Colazione sull'erba di Manet segna l'inizio dell'acceso dibattito da cui nasce l'Impressionismo. Fondamentali, per la nascita del movimento, sono la riscoperta della pittura di paesaggio e l'importanza del colore, derivanti dal Romanticismo e dal Realismo. Un contributo significativo proviene inoltre dalla circolazione delle stampe giapponesi e dalla rivoluzione della fotografia. La prima mostra ufficiale della nuova corrente si tiene il 15 aprile 1874 presso lo studio del fotografo Nadar. Sono presenti, tra gli altri, dipinti di Monet, Renoir e Pisarro. L'Impressionismo non ha una vera elaborazione teorica, gli artisti sono uniti dall'idea di una pittura dal vero, basata sulle sensazioni individuali. Si dipinge En Plein Air, all'aperto, e ciò che si rappresenta è l'impressione visiva di un insieme di colori che mutano al variare delle condizioni di luce.

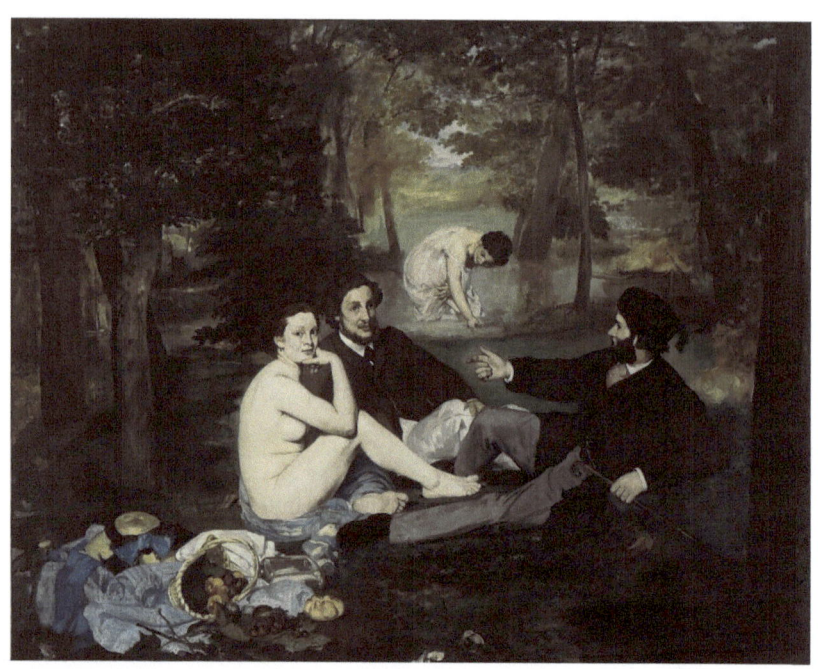

Manet, Colazione sull'erba, Museo d'Orsay, Parigi, 1863.

I Papaveri

I campi di papaveri sono un tema abbastanza ricorrente nella pittura impressionista. I papaveri sono fiori spontanei, poco formali, ed erano poco amati dalla pittura fino a questo momento. La caratteristica che rende, tutt'oggi, attuale e tanto amata la pittura di questo periodo e di questo particolare movimento è proprio la capacità di rendere straordinario ciò che più normale, ciò che più quotidiano, dunque la capacità di dare la visione dell'eccezionalità e di donare la prospettiva dello straordinario a ciò che fa parte del banale. L'artista impressionista lo fa senza alterare i dati reali, ma semplicemente lavorando attraverso il colore e la luce. Monet, in questo senso, è il pittore impressionista per eccellenza. Nel quadro che fu esposto alla prima mostra dell'Impressionismo, nel 1874, l'artista ricorre sempre all'idea di utilizzare una stessa modella per impersonare più figure, ma soprattutto sfrutta il motivo del parasole, che sarà, poi, a lui caro fino alla fine della sua carriera: la donna ideale è la donna con l'ombrellino. È una conseguenza anche del suo grande amore per l'arte giapponese, perché il parasole è l'elemento che caratterizza la figura femminile nella pittura orientale, e anche, se vogliamo, per l'abbigliamento della donna giapponese, con una grande insistenza sulla zona dei fianchi che si allarga e si richiude come un'anfora. È un elemento che dà particolare eleganza alla figura ed è un'eleganza che però richiede un portamento speciale. Il ruolo equilibratore dell'ombrellino diventa anche essenziale dal punto di vista dei rapporti di luci e d'ombra, dunque vediamo che il parasole crea una straordinaria macchia blu all'interno della visione di papaveri immersi tra l'erba ed il grano. È anche bellissimo l'effetto dell'orizzonte alto e qualcuno dei critici di Monet dichiarava appunto che è evidente che l'artista lavorasse in piedi, dato che i suoi orizzonti sono abbastanza alti. Questo è tipico della pittura En Plain Air, all'aria aperta, e si è molto discusso se Monet fosse effettivamente un pittore rigoroso nell'applicare questo metodo, che era quasi il grido di battaglia degli impressionisti. In effetti l'artista lavorava in esterno con qualunque tempo, sappiamo, per esempio, che si sopponeva ad estenuanti sedute con la neve, testimoniati da aneddoti divertenti che riguardano il pittore con le ciglia completamente innevate mentre ritraeva degli effetti di neve. Lo stesso accadeva in pieno sole, però quello che già emerge in questa fase, siamo nel 1873, è l'attenzione al dato che solamente la pittura all'aria aperta può produrre quel determinato effetto atmosferico. Quell'effetto passa e l'artista dev'essere bravo a catturarlo nella misura in cui può e dal momento in cui l'effetto è stato catturato è possibile continuare a lavorare il quadro nell'atelier.

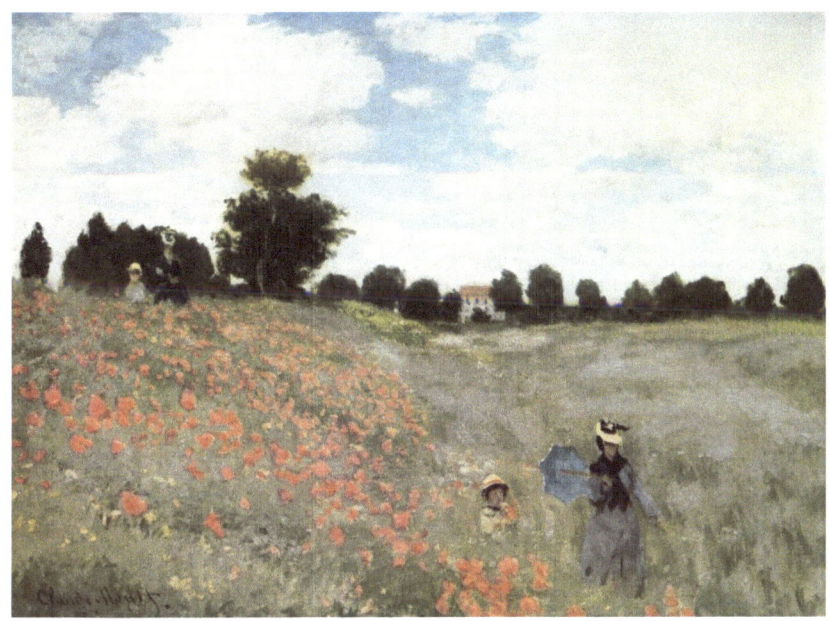

Monet, i Papaveri, 1874, Museo d'Orsay, Parigi.

Il Ponte di Argenteuil

Monet ha dipinto diverse volte il Ponte di Argenteuil, anche durante la fase della ricostruzione, dopo che era stato fatto saltare a causa della guerra franco-prussiana. Quindi questo ponte, dipinto nel 1874, è uno dei due: uno è un ponte carrabile, l'altro ferroviario ed entrambi sono un motivo, al tempo stesso, architettonico e paesaggistico. Definiscono anche il luogo che viene considerato un po' l'emblema della pittura impressionista e l'anno di questo dipinto, il 1874, è anche un momento straordinario di incontro, perché è l'anno in cui Manet va ad Argenteuil e ritrae la famiglia Monet. Monet entrerà in competizione anche con un altro pittore che soggiorna allo stesso momento in questo luogo, si tratta di Renoir, che ritrae anche lui la famiglia Monet. Questo scenario della Senna e questo momento di fraternità artistica, è qualcosa che coincide, in qualche modo, con una stagione di "miseria nera", chiamata così dagli stessi impressionisti. Inizia per Monet una fase terribile, che culminerà nel 1877 nella sua voglia di non guardare nemmeno più i conti, a causa della situazione economica sempre più disastrosa. Le mostre degli impressionisti continuano e Monet qualche volta partecipa, qualche volta no. Gli artisti devono cercare un motivo, devono andare sul luogo con la loro attrezzatura e per Monet, in questa fase, non poter contare su un numero sufficiente di tele è un grande problema. Vedremo che più in là, quando finalmente la sua fama si sarà consolidata, egli potrà usare più tele per volta per poter catturare l'effetto non appena questo si presenta. Il periodo che si conclude nel '79 è quello propriamente eroico, di cui Argenteuil è l'emblema. Dopo questa fase, il ruolo di Avanguardia e degli impressionisti viene messo in discussione dai puntinisti come Seurat e Signac.

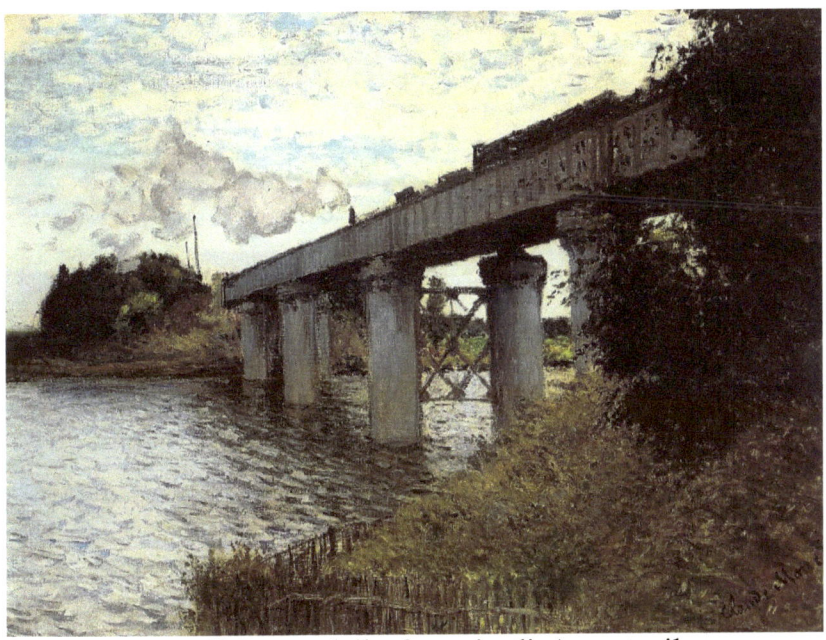

Monet, il Ponte della ferrovia di Argenteuil, 1874, Museo d'Orsay, Parigi.

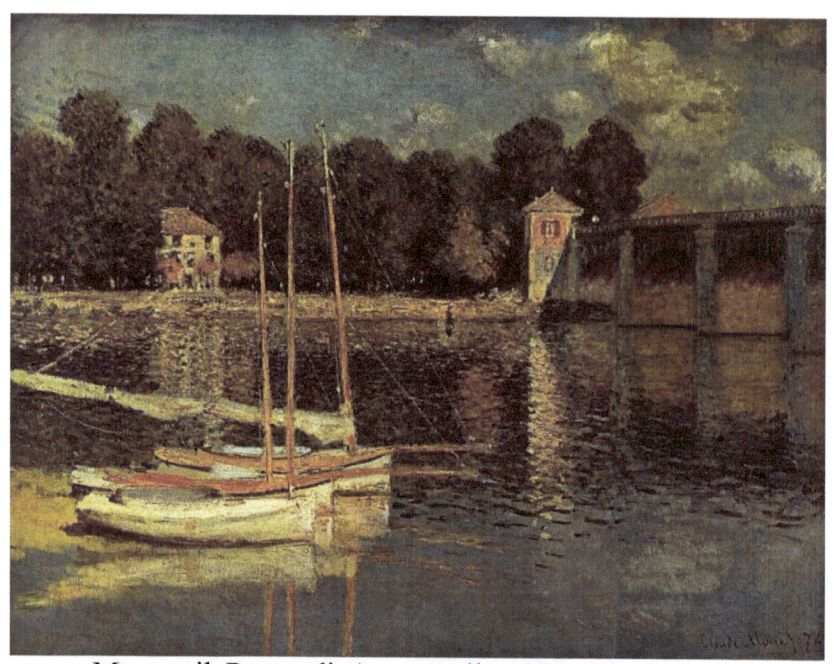

Monet, il Ponte di Argenteuil, 1874, Museo
d'Orsay, Parigi.

Bordighera

La storia di Monet è interessante anche perché appartiene ad una fase cruciale della storia del mercato dell'arte. Durand-Ruel, il gallerista che lo assiste in modo alterno, è il suo principale sostenitore lungo l'arco di tutta la sua carriera. Quest'uomo è l'iniziatore di un modo nuovo di gestire l'arte, dopo che la fase delle grandi committenze nobiliari o governative, è finita. È il momento in cui si va veramente sul mercato. Questo personaggio ha alcune intuizioni: una è sicuramente quella di avere una galleria con filiali in varie capitali; un'altra sarà l'intuizione di aprire un nuovo mercato negli USA; una terza è anche quella di far allestire agli artisti delle mostre personali e ciò rappresentava una novità. Tuttavia non è molto apprezzato dagli impressionisti il fatto che Monet, nel 1880, faccia una mostra individuale. Degas lo accuserà di auto pubblicità, ma questa mostra permette a Monet di sopravvivere ad una fase che era stata veramente difficilissima per lui. Inizia una situazione molto complessa per il pittore, anche dal punto di vista della scelta delle case. Questa scelta si stabilirà nel 1883, quando approda finalmente a Giverny. In affitto e con un grande prestito di Durand-Ruel che quasi lo ha mandato in rovina. Per sdebitarsi, Monet dipinge per lui una serie di fiori ed alla fine di questo estenuante lavoro, che occupa quasi tutto il 1883, decide di partire, insieme con l'amico Renoir, per un viaggio. È un viaggio di rilassamento che lo porta su tutta la Costa Azzurra, che risale fino a Genova. Lungo questo percorso Monet si innamora di una cittadina italiana: Bordighera. Il dipinto che descriveremo adesso, rappresenta questa cittadina e qui Monet scopre il rosa e l'azzurro, non che non fossero colori che egli aveva amato, però qui in qualche modo entra in contatto con delle tonalità che a lui erano sembrate troppo sentimentali. Scrive infatti "non me ne vogliano i nemici dell'azzurro e del rosa se dico che qui a Bordighera sono colori fantastici, colori che raggiungono delle intensità che non ho mai visto". È talmente bello il paesaggio che l'artista ne è quasi intimorito. Non riesce a trovare il motivo, cioè quel particolare scorcio, quel particolare luogo da rappresentare, perché ogni situazione ne ha troppe di caratteristiche. Monet scrive anche "non riesco a dipingere il blu, ma mi occupo soprattutto degli alberi e delle piante". Ma Bordighera ha anche un'altra caratteristica importante, ovvero un altro effetto forse ancora più significativo nella biografia di Monet: è a Bordighera che nasce l'ispirazione di creare un grande giardino. Nel suo rifugio di Giverny, nella bella casa che nel 1883 avrà in affitto, l'artista pianterà il suo giardino ma senza aver avuto ancora l'idea di renderlo esotico e lussureggiante.

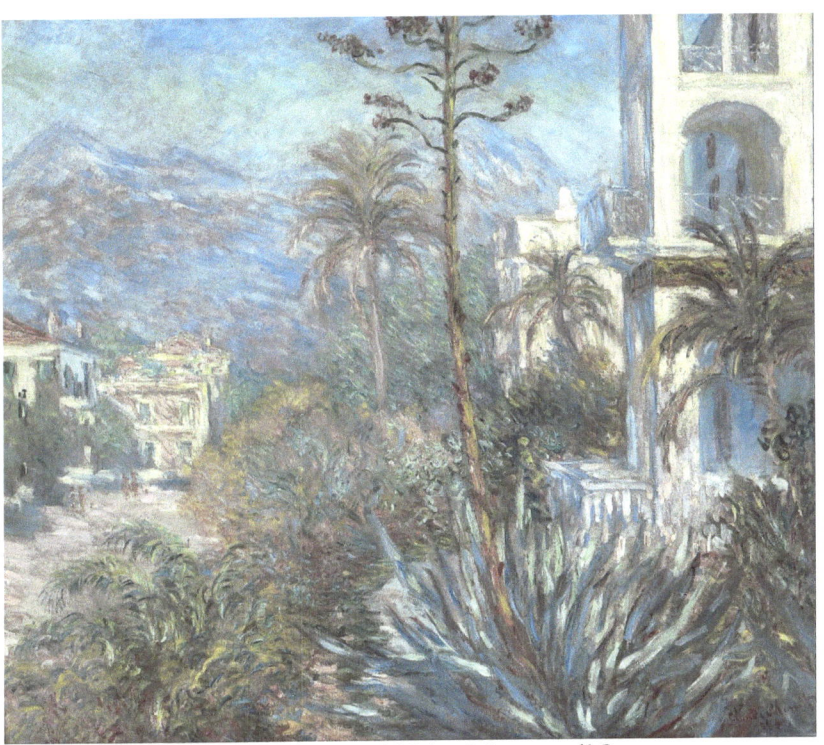

Monet, Bordighera, 1884, Museo d'Orsay, Parigi.

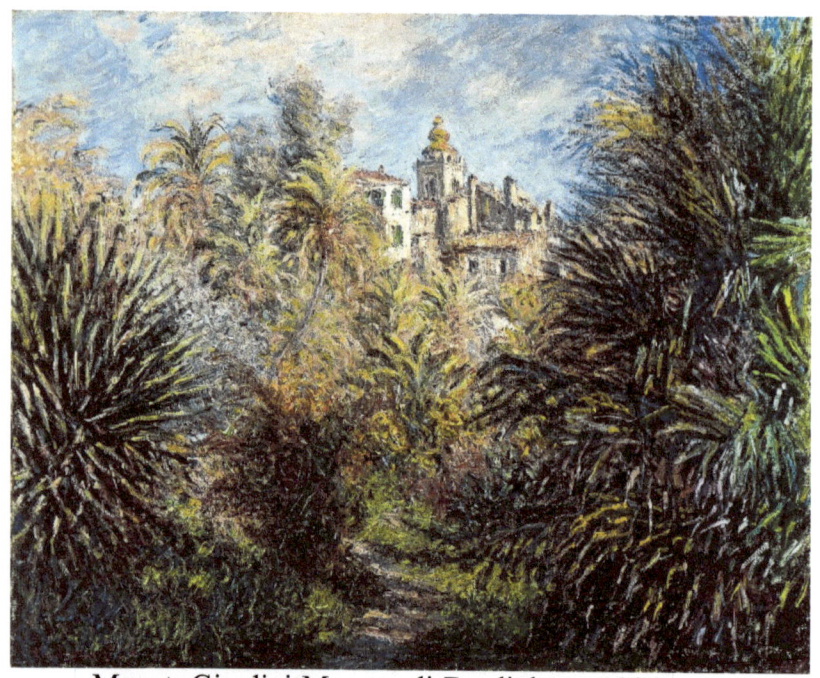

Monet, Giardini Moreno di Bordighera, 1884,
Museo d'Orsay, Parigi.

La pittura all'aria aperta

La tradizione della pittura en plein air, ovvero all'aria aperta, risale al '600, anno in cui i pittori europei realizzano dal vero schizzi in acquerello che vengono rielaborati successivamente nell'atelier. L'importanza di questa pratica cresce in modo costante fino alla prima metà dell'Ottocento. In questo periodo i pittori inglesi Constable e Turner, grazie allo studio della luce naturale, aggiungono alle opere un'attenta descrizione degli aspetti atmosferici. In Francia la pittura en plein air conosce un notevole sviluppo a partire dal 1830, per merito dei pittori della scuola di Barbisont, un villaggio al sud di Parigi, in cui si radunano artisti come Millet e Corot. I pittori immersi nella campagna, con cavalletto portatile e pratici tubetti di colore ad olio, dipingono tele di piccole dimensioni che vengono poi completate nello studio. La pittura en plein air conosce il suo momento di massima fioritura con le ricerche degli impressionisti, che dagli anni '70 dell'Ottocento, riscuotono i primi successi con opere realizzate all'aperto. Monet acquista addirittura un'imbarcazione da cui, come in uno studio galleggiante, ritrae la Senna e le sue rive da punti di vista inediti, fissando sulla tela le mutevoli condizioni atmosferiche e luminose. Questa tecnica pittorica porta a cogliere le forme della natura nel loro complesso e nascono dipinti di paesaggi dal carattere istintitvo, resi con colori intensi e veloci pennellate, mentre la rappresentazione oggettiva perde importanza. Nel decennio successivo, tuttavia, l'interesse per la pittura en plein air inizia il suo declino e gli artisti

tornano negli atelier, alla ricerca di nuovi
mezzi espressivi e nuovi contenuti.

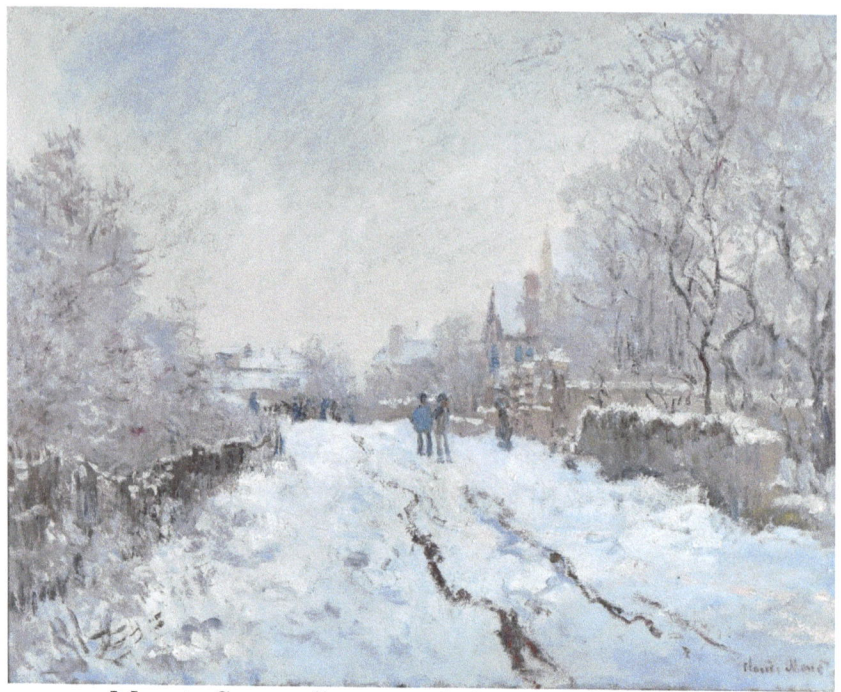

Monet, Scena di neve ad Argenteuil, 1875,
National Gallery, Londra.

Nel dipinto Camille e Jean sulla collina (moglie e figlio del pittore), la donna è colta nell'attimo in cui sta ruotando il busto verso il pittore che per rendere il movimento ha utilizzato pennellate allungate che attraversano diagonalmente la figura. Nell'abito bianco della donna ha sovrapposto pennellate azzurre, viola, gialle, qualche tocco di arancione che sono colori complementari (una volta accostati si esaltano a vicenda). Monet ha rappresentato il gioco dell'ombra che contrasta con la luminosità abbagliante del pieno giorno. Il verde dell'erba è reso con tocchi di colori diversi, creando un effetto di ricchezza cromatica e di vibrazione luminosa. Le pennellate ampie con andamenti circolari producono l'effetto di nubi in movimento, mentre i colori più chiari e quelli più caldi sembrano dilatarsi ed avanzare, creando la sensazione di profondità.

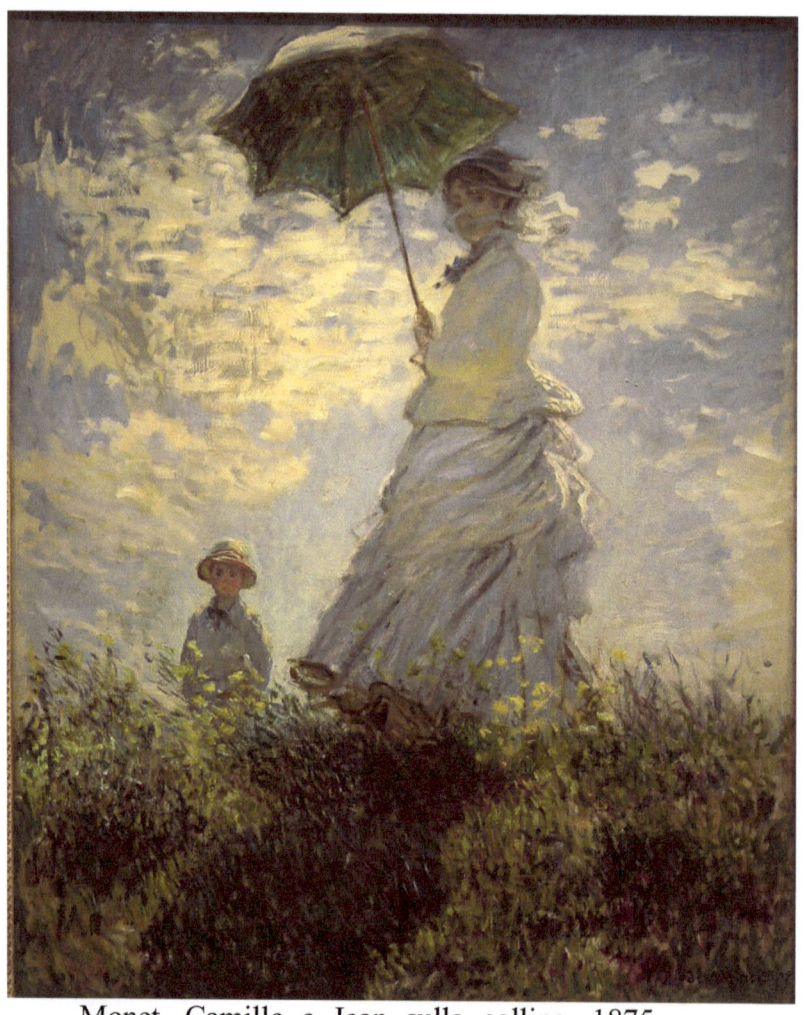

Monet, Camille e Jean sulla collina, 1875,
National Gallery, Washington.

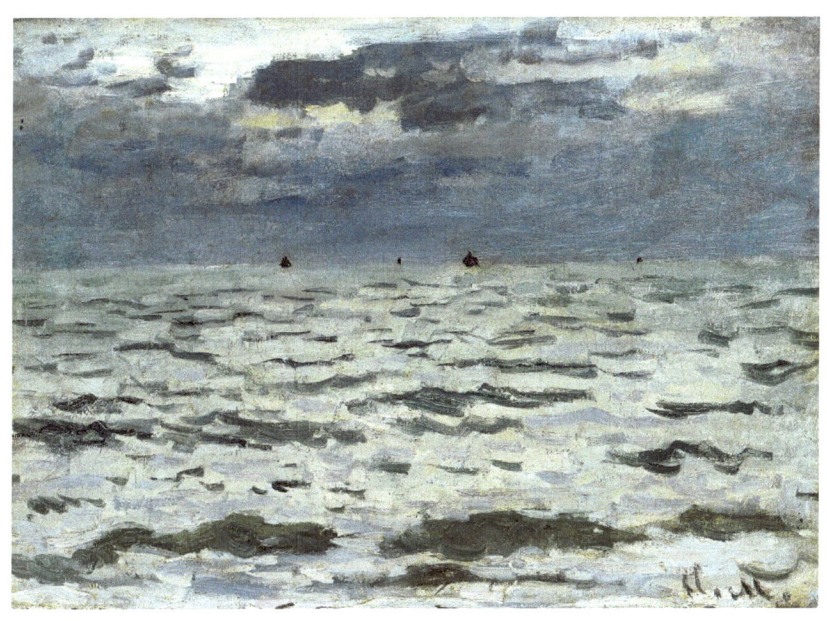

Monet, Marina di Le Havre, 1866.

Cattedrale di Rouen

Monet, a partire dal 1866, ha condotto uno studio sistematico en plain air dei soggetti naturali, sperimentando i canoni del movimento impressionista. Per Monet nulla è fermo e nulla può essere fissato sulla tela: l'esperienza della realtà avviene attraverso impressioni che si succedono nella nostra memoria visiva. L'artista era affascinato dalla natura e la studiava dal vero, nella convinzione che ogni cosa dipinta sul posto abbia sempre una forza, un potere ed una vivacità di tocco, elementi che non si ritrovano nel suo studio. Il pittore fu il vero padre dell'Impressionismo e per tutta la vita si focalizzò sull'attenzione del colore, sulla percezione delle forme, sulla rappresentazione del movimento e sul rapporto tra realtà ed immagine trasmessa dall'occhio. A lui si devono le serie, ovvero dipinti che rappresentano lo stesso soggetto in diverse condizioni di luminosità, in diverse ore del giorno e stagioni dell'anno ed in diverse condizioni atmosferiche, cercando di comprendere il modo in cui muta l'immagine al variare della luce esterna. Le serie dei pioppi, dei covoni, della Cattedrale di Rouen si mostrano come delle istantanee che, osservate in successione, rendono l'idea di trascorrere del tempo. Per la prima volta nella storia della pittura viene rappresentata la quarta dimensione: il tempo. La serie delle Cattedrali di Rouen è formata da 50 dipinti realizzati tra il 1892 ed il 1894 e raffiguranti lo stesso punto di vista.

Ciò che cambia sono le condizioni della luce sul portale. Verso la fine degli anni '80, Monet, assistito anche dalla possibilità di avere maggiori mezzi materiali, quindi poter investire un po' di più sui suoi strumenti di lavoro, comincia a lavorare sistematicamente su due direttrici: il motivo e l'effetto. Che cosa sono? Il motivo è la costante, l'effetto è la variabile. Si sceglie, dunque, un tema un soggetto o un tema e di questo si indagano tutte le possibili variazioni atmosferiche e luminose. Questo mantenere l'apparente monotonia del tema, consente al pittore di essere estremamente pronto nel cogliere il mutare da una condizione atmosferica all'altra, dunque da una situazione di luce all'altra e quindi di rendere il soggetto del tutto irrilevante. In qualche modo, quindi, la costante è quasi un pretesto che permette di valutare questi effetti di luce, che, come vedremo, rendono sempre più lontana dal reale la pittura di Monet, sebbene sia dipinta rimanendo fedele a una visione reale, ad una visione che si è effettivamente svolta storicamente in un certo modo ed in un certo luogo. I covoni, i pioppi, sono alcuni di questi motivi all'origine delle sue Serie, ma la più famosa è probabilmente quella delle cattedrali di Rouen. In questa città della Normandia, dove viveva suo fratello, Monet deve ritornare nel 1892 perché è morta la sua sorellastra. Con l'occasione l'artista cerca un motivo e dopo aver percorso tutti gli itinerari della città decide di concentrarsi sulla facciata della cattedrale. Dunque l'artista si sposta, e questo è uno degli aneddoti più famosi della sua storia pittorica, in un negozio di biancheria in cui vede molto bene la facciata. L'artista dipinge con le signore che passano a comprare i capi di abbigliamento e dunque ad un certo punto fa ricorso ad un paravento dietro il quale nascondersi per non rovinare la clientela del negozio ospitale. Queste due angolazioni permettono all'artista di studiare la cattedrale in tutte le ore del giorno e della notte. Tutti i quadri sono datati nel 1894 ma le fasi si svolgono nei due anni precedenti. Il fatto che il soggetto sia sempre meno identificabile, perché la facciata del grande muro di pietra traforato, è qualcosa di cui non si coglie sempre e chiaramente l'identità: ciò porta Monet ad avere una grande incertezza sul risultato finale. L'artista è sempre stato attraversato da momenti di grande entusiasmo e di grande depressione, però quando torna la prima volta a Giverny con le tele della cattedrale non ha quasi il coraggio di guardarle, non riuscendo a capire cosa stesse succedendo. Una pittura come quella di Monet è sempre al limite, rischia di diventare irriconoscibile ed invisibile e sulla facciata della cattedrale di Rouen si misura, veramente, la straordinaria qualità del modo di vedere di questo pittore. Infatti, uno dei suoi grandi ammiratori, nonché uno dei più grandi personaggi della politica francese di quegli anni, George Clemenceau, scrive un articolo sulla cattedrale di Rouen, sottolineando il fatto che con Monet cambia il modo di vedere: l'artista vede in un altro modo, noi stessi vediamo in un altro modo. Certo, se non ci fosse la fotografia, se non ci fosse la mediazione di un modo di rendere bidimensionale il soggetto, non sarebbe possibile andare così oltre negli effetti di visione. In questa serie notiamo, per esempio, una delle vedute della cattedrale con effetto giorno. Tra le 12.00 e le 14.00 era il momento migliore, secondo Monet, quello in cui la pietra di questo capolavoro architettonico gotico rendeva al massimo la varietà dei suoi passaggi dalla luce all'ombra. Tuttavia l'ossessione che la cattedrale provoca nell'artista è tale, che racconterà Durand-Ruel alla fine del primo anno, farà dormire poco Monet, provocandogli anche degli incubi "la cattedrale mi veniva addosso ed io la vedevo ora rosa, ora blu, ora gialla".

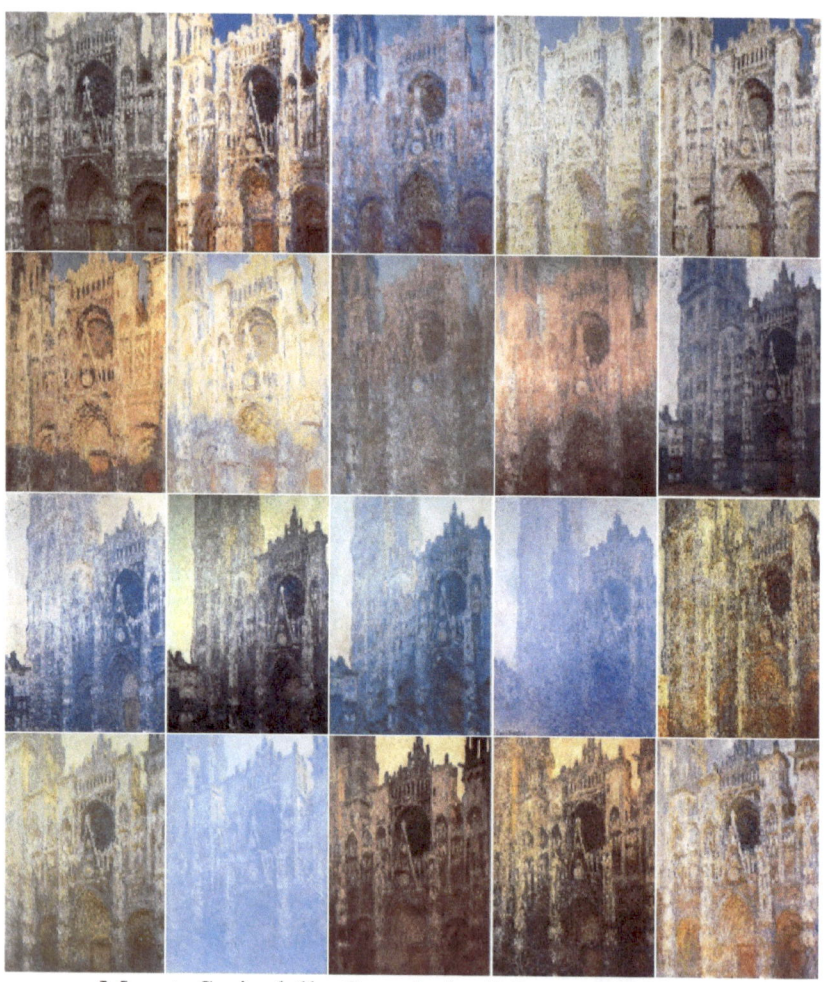

Monet, Serie della Cattedrale di Rouen, 1892-
94.

Il colore e gli impressionisti

Con l'avvento della pittura en plain air e la necessità di fissare velocemente le impressioni sulla tela, il colore prevale sul disegno fino a diventare il solo mezzo espressivo emulando ciò che avevano fatto, durante il Rinascimento, gli immortali artisti Veneziani come Tiziano e Giorgione. Già nella prima metà dell'Ottocento, Delacroix sostituisce il chiaroscuro con l'accostamento di colori complementari, prendendo come esempio Paolo Veronese, l'artista veneto rinascimentale considerato vero padre dell'Impressionismo. Delacroix non a caso nel suo journal dirà "Devo tutto a Paolo Veronese". Proprio su questa scia si avventa l'Impressionismo: il pittore riconosce, grazie a Veronese, che l'ombra non è mai solo nera o grigia, ma anche colorata in base all'ambiente circostante e in base alla luce solare. Queste nozioni influenzano e avvolgono profondamente la pittura degli impressionisti, favoriti dalla diffusione dei colori ad olio sintetici che facilitano la resa luministica e cromatica. Alcuni dipinti di Monet, come Regate ad Argenteuil, ne costituiscono una prova evidente. La gamma degli azzurri, per esempio, arricchita con l'oltremare e con il blu ceruleo, contribuisce a cogliere i riflessi fuggevoli e inafferrabili dell'acqua.

La particolare luminosità dei dipinti non deriva soltanto dall'uso dei colori sintetici, ma anche dalla tecnica. Le pennellate istintive di lunghezza e larghezza variabile, creano un contrasto cromatico da cui la composizione acquista luce. Si afferma anche un preponderante uso del viola, che, in quanto complementare del giallo della luce solare, è il colore più usato per riprodurre le ombre. In questo modo, Monet e gli impressionisti riescono a creare una luminosità diffusa, che circonda e permea tutti gli elementi figurativi.

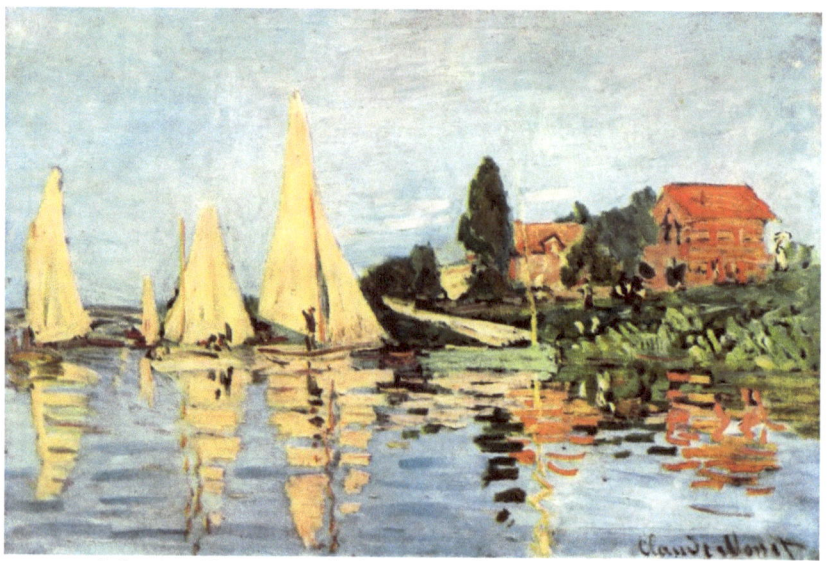

Monet, Regate ad Argenteuil, 1872, Museo d'Orsay, Parigi.

Il Parlamento di Londra

Nel 1904 si svolge a Parigi la mostra delle vedute del Tamigi di Monet. È una delle mostre più di successo di quella stagione. L'artista in effetti era stato a Londra ed aveva lavorato su un tema che, in qualche modo, doveva dimostrare una tesi da lui a lungo sostenuta "io non sono solo l'uomo del sole, ma sono anche l'uomo della nebbia". Era stato già varie volte a Londra, aveva conosciuto il suo mercante Durand-Ruel e nella capitale inglese aveva degli amici pittori. In questa città arriva con un numero impressionante di tele a disposizione, per cogliere gli effetti del Tamigi. Per l'appunto, John Sargent racconta che lavorava a quasi 80 tele e ogni tanto, quando cambiava l'effetto di sole, andava alla ricerca della tela abbozzata che gli permetteva di risalire a quell'effetto. Monet, in questa fase, lavorava passando continuamente da una tela all'altra e cominciava ad abbozzare tela dopo tela. L'artista iniziava a tracciare col carboncino direttamente con il colore e dipingeva l'insieme del paesaggio, definendone subito i contorni. In teoria il quadro si poteva anche fermare li, però poi, in base a quell'effetto di luce, l'artista si fermava non appena l'effetto cambiava, e abbozzava un altro quadro, andando avanti così per giorni finché l'effetto non lo soddisfaceva.

Naturalmente tutto questo gli prendeva dello spazio e, nei luoghi dove lavorava a Londra, come il ponte di Waterloo o sul Parlamento (che è il quadro in questione), le vedute cambiavano continuamente anche per le giornate in cui la nebbia era troppo fitta e mancava il sole. Come con la cattedrale di Rouen, Monet va in preda allo scoraggiamento. La seduta dura quanto dura l'effetto e di effetti ve ne sono decine, dunque tutte le vedute del Tamigi verranno terminate in studio. Naturalmente, molte opere in realtà vengono perfezionate in studio perché, pur essendo così prolifico e pur essendo un artista dal catalogo veramente abbondante, Monet è un grande perfezionista e di questo enorme numero di tele molte invece finiscono stracciate e distrutte.

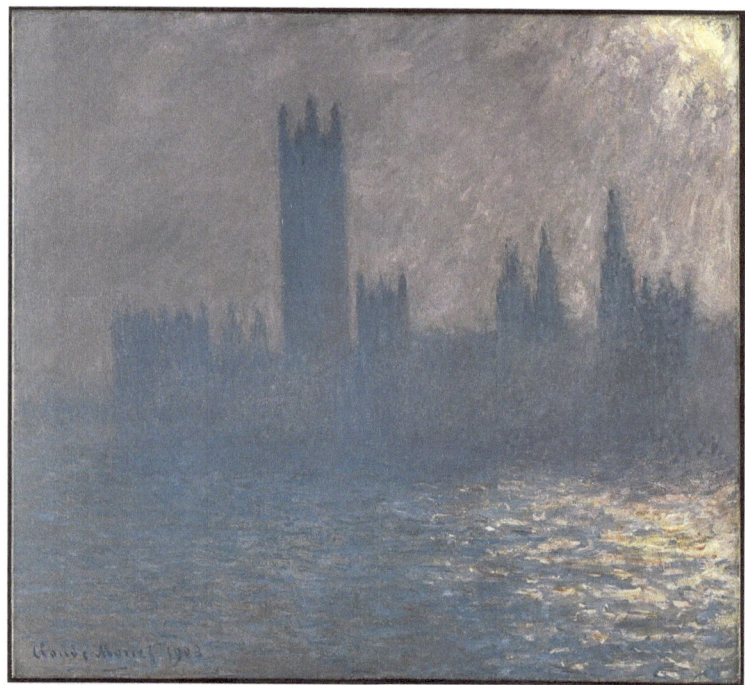

Monet, Il Parlamento, 1903, Brooklyn Museum, New York.

L'amore per Venezia

Il grande viaggio che concluse i peregrinaggi europei di Monet fu effettuato a Venezia, in Italia, nel 1908. Stabilitosi presso il palazzo Barbaro e poi al Grand Hotel Britannia, Monet si trattenne nella città dei dogi per ben due mesi, dal settembre al novembre 1908: si disse subito «stregato dall'incantesimo di Venezia», città che palpitava di una vibrante scena artistica, architettonica, e soprattutto luministica, considerato il rifrangersi della luce sulle acque della laguna, nonché nota per essere la città più bella del mondo e meta prediletta durante il Grand Tour. Monet trovò subito congeniale l'atmosfera catalizzata dalla città con le sue ricerche pittoriche e sarà proprio lui a descriverci questa fase magica "L'artista che concepì Palazzo Ducale fu il primo degli Impressionisti. Lo lasciò galleggiare sull'acqua, sorgere dall'acqua e risplendere nell'aria di Venezia come il pittore impressionista lascia risplendere le sue pennellate sulla tela per comunicare la sensazione dell'atmosfera. Quando ho dipinto questo quadro, è l'atmosfera di Venezia che ho voluto dipingere. Il palazzo che appare nella mia composizione è stato per me soltanto un pretesto per rappresentare l'atmosfera. Tutta Venezia è immersa in quest'atmosfera. Venezia è l'Impressionismo in pietra". Venezia fece innamorare perdutamente Monet, a tal punto che l'artista realizzò ben 37 tele in poco tempo, dipingendo compulsivamente.

In queste opere l'acqua ha un ruolo fondamentale, donando ai quadri un'atmosfera da favola che potremmo definire la versione impressionista delle vedute del Canaletto. Lo stesso Monet dirà "Venezia è troppo bella per essere dipinta". È curioso il fatto che di recente, uno dei quadri di questo periodo di Monet, è stato venduto per ben 56,6 milioni di dollari, sancendo un record per un quadro che ha come soggetto una veduta veneziana, ed impallidendo Canaletto, l'artista che più di tutti ha esaltato le vedute veneziane, fermo a 6 milioni di euro. Sbiancherebbe pure lo stesso Monet, se fosse vivo, considerando che per molti anni fece la fame, trovandosi in una situazione economica disastrosa. Oggi Monet, solo per i 37 quadri veneziani, sarebbe uno degli uomini più ricchi al mondo.

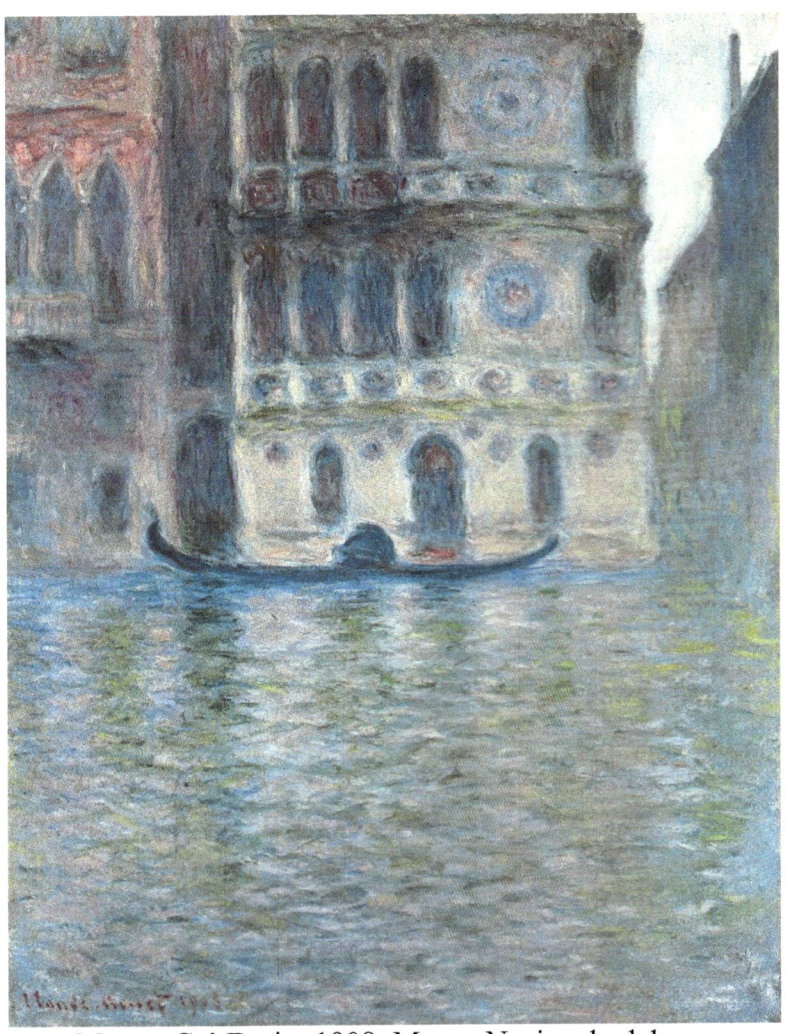

Monet, Ca' Dario, 1908, Museo Nazionale del Galles.

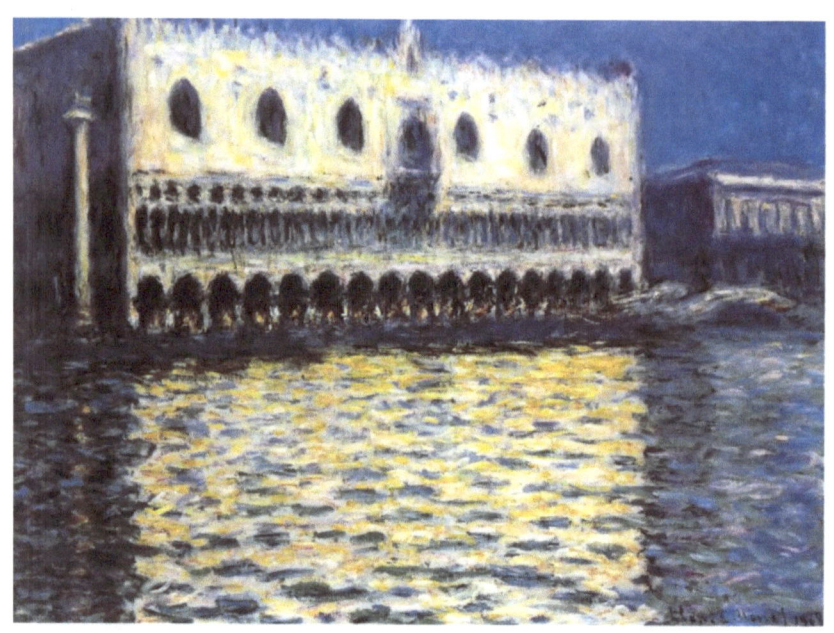

Monet, Palazzo Ducale di Venezia, 1908, Brooklyn Museum, New York.

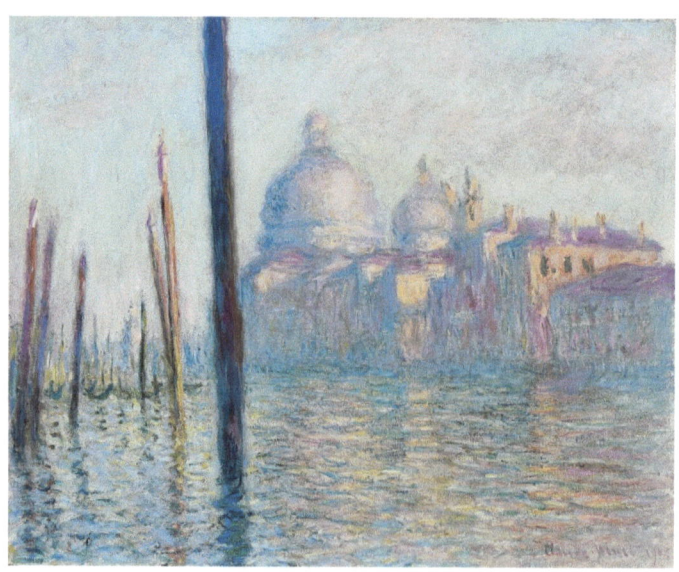

Monet, Canal Grande, 1908, Fine Arts Museum di Boston.

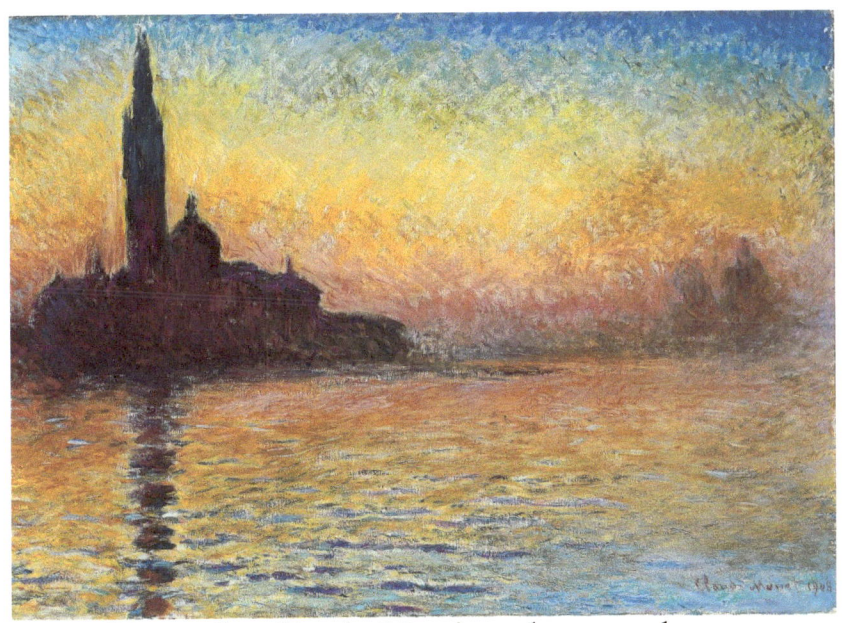

Monet, San Giorgio Maggiore al crepuscolo, 1908, Galleria Nazionale del Galles.

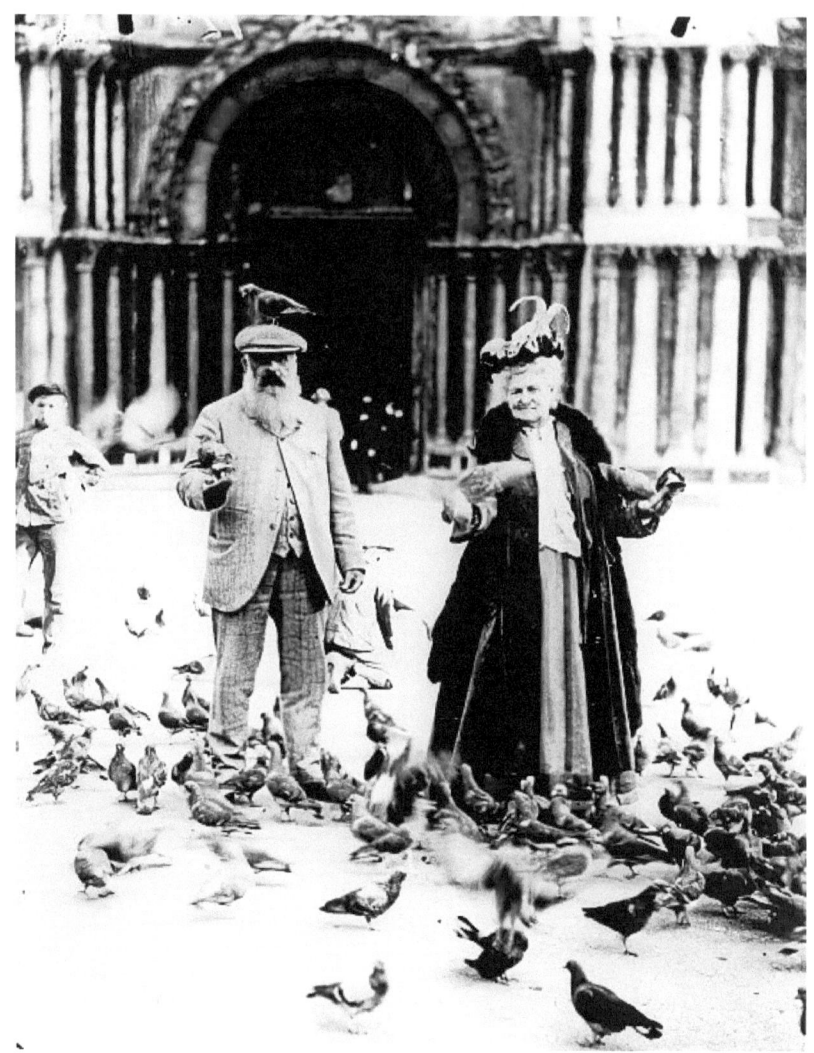

Monet sessantottenne e sua moglie Alice in
Piazza San Marco a Venezia, ottobre 1908.

Il Ponte giapponese

Siamo nel 1918 e Monet sta sopravvivendo alla maggior parte dei suoi compagni di viaggio e dei suoi amici impressionisti. L'artista sta ancora lavorando nel momento in cui le avanguardie sono esplose con la loro carica rivoluzionaria e si è rinchiuso nel suo giardino di Giverny. Ma facciamo prima pochi passi indietro. Il 19 maggio 1911 morì la moglie Alice. Il 1° febbraio 1914 Monet perse anche il figlio Jean - l'altro figlio, Michel, morirà in un incidente d'auto nel 1966. La sua quiete famigliare, dunque, si frantumò con questi due lutti. Per fortuna, però, Monet poté godere della compagnia della figlioletta Blanche, la quale andò ad abitare insieme a lui a Giverny, dove egli disponeva finalmente di un nuovo, più grande studio, adatto a contenere i grandi pannelli con la rappresentazione delle ninfee del suo giardino. Tornato da Venezia, in effetti, Monet non lasciò mai più il suo giardino, tanto che trascorse gli anni della vecchiaia dipingendo incessantemente specchi d'acqua costellati da ninfee. «Lavoro tutto il giorno a queste tele, me le passano una dopo l'altra. Nell'atmosfera riappare un colore che avevo scoperto ieri e abbozzato su una delle tele. Immediatamente il dipinto mi viene dato e cerco il più rapidamente possibile di fissare in modo definitivo la visione, ma di solito essa scompare rapidamente per lasciare il suo posto a un altro colore già registrato qualche giorno prima in un altro studio, che mi viene subito posto innanzi; e si continua così tutto il giorno».

Non vi è sorpresa, dunque, se nel 1920 Monet offrì allo Stato francese dodici grandi tele di *Ninfee*, lunga ciascuna circa quattro metri, le quali verranno sistemate nel 1927 in due sale ovali dell'Orangerie delle Tuileries; altre tele di analogo soggetto saranno raccolte nel Musée Marmottan. «Non dormo più per colpa loro - scrisse il pittore nel 1925 - di notte sono continuamente ossessionato da ciò che sto cercando di realizzare. Mi alzo la mattina rotto di fatica [...] dipingere è così difficile e torturante. L'autunno scorso ho bruciato sei tele insieme con le foglie morte del giardino. Ce n'è abbastanza per disperarsi. Ma non vorrei morire prima di avere detto tutto quel che avevo da dire; o almeno avere tentato. E i miei giorni sono contati». Già affetto da cataratta bilaterale che per la prima volta gli fu diagnosticata nel 1912 questa malattia progressivamente impedì al pittore di percepire i colori con la stessa intensità di prima: l'occhio sinistro perdeva acutezza e il destro reagiva soltanto agli stimoli luminosi.

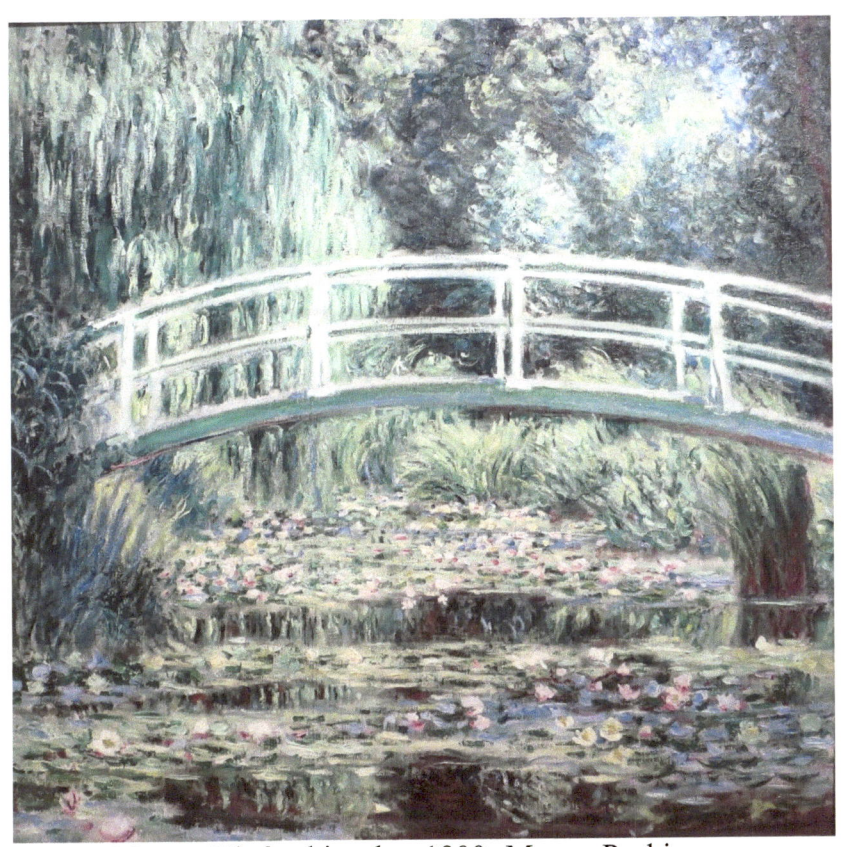

Monet, Ninfee bianche, 1900, Museo Puskin, Mosca.

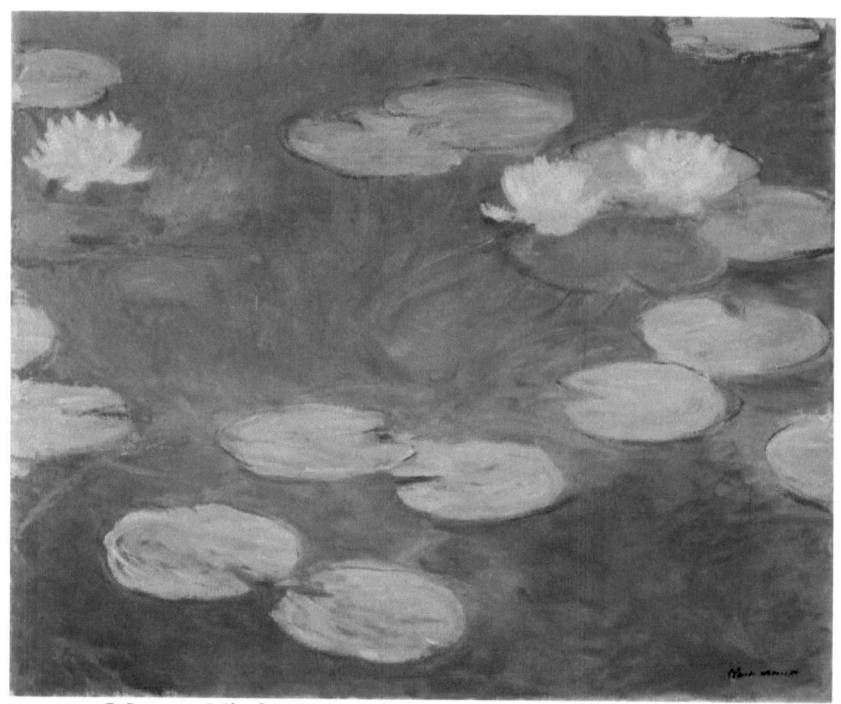

Monet, Ninfee rosa, Galleria nazionale d'arte
moderna, Roma, 1900.

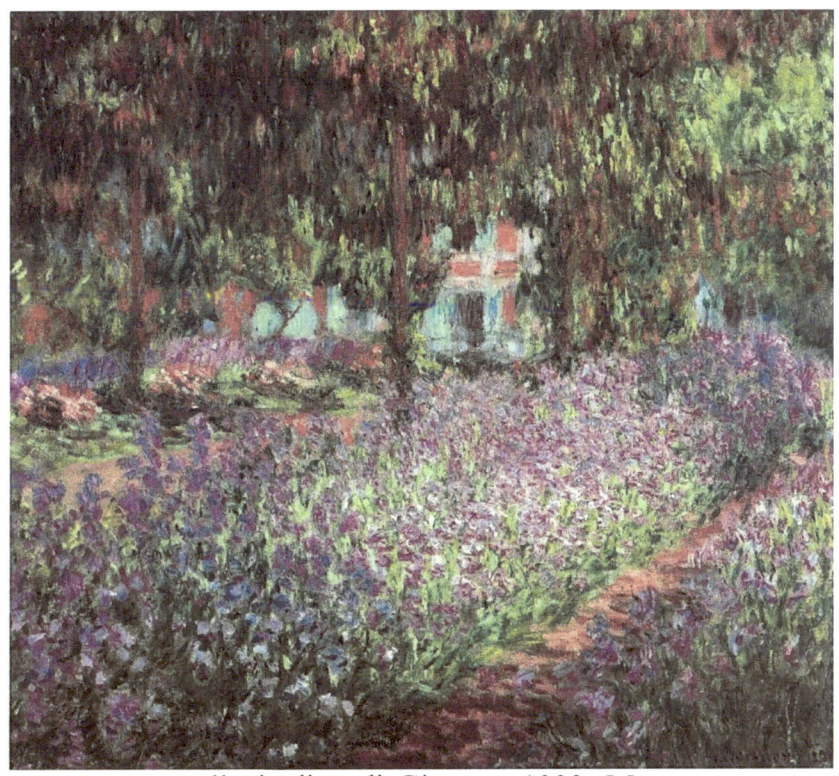

Monet, il giardino di Giverny, 1900, Museo d'Orsay, Parigi.

In questa fase spicca il celebre dipinto dello stagno del giardino di Giverny. Riguardo le Ninfee è bene dire che Monet è riuscito ad andare oltre ogni concezione figurativa a lui contemporanea, imprimendo nelle proprie tele una forza che trascende l'Impressionismo stesso verso approdi di visionarietà astrattista. Se negli anni passati i paesaggi monetiani si strutturavano su impaginazioni di ampio respiro, per le *Ninfee* Monet mostra di prediligere campi medi e primi piani, privi della linea di orizzonte o di un qualsivoglia riferimento spaziale. Sono le ninfee a ricoprire interamente lo spazio pittorico: il cielo scompare, o meglio appare fugacemente, intravisto, nei riflessi equorei emanati dall'acqua dello stagno. Lo sguardo, in questo modo, si inabissa in uno spazio che, in quanto privo di punti di riferimento sicuri, appare infinito, «abissale», senza né inizio né fine, e al contempo astratto, in quanto «svincolato da un rapporto riconoscibile con la realtà oggettiva» (Gavioli). Lo sforzo cerebrale che l'osservatore deve spesso compiere per discernere le piante dai vari riflessi fissati sull'acqua è assolutamente notevole: è per questo motivo che le varie *Ninfee* si pongono a contatto tra la realtà fenomenica e quella metafisica, o - per ricondurre la questione in termini artistici - tra l'impressionismo e la pittura astratta. Questo mutamento stilistico è osservabile anche su un piano più strettamente cromatico. Il colore, rispetto al passato, è depositato sulla tela per mezzo di pennellate lunghe, filamentose, quasi sinuose. Queste opere che presentano impressioni allo stato puro, depurate come sono da intenti narrativi, consentono al pittore di scegliere intonazioni cromatiche precise a seconda del suo preciso modo di sentire: abbiamo infatti ninfee rosa, blu, ma anche versioni dove la tavolozza vira su tonalità esangui (come i verdolini o gialli tenui) o, magari, su colori profondi e cupi. Di particolare interesse, poi, è il colore delle corolle delle ninfee, le quali - in quanto bianche - mutano la propria vibrazione cromatica in ragione dell'intensità luminosa della luce e dell'invisibile cielo, secondo un concerto timbrico che non è nient'altro che la reinterpretazione del concetto delle «ombre colorate», già applicato negli esordi. È così che l'acqua stagnante sulla quale si verifica la fluttuazione instabile delle ninfee - talora turbata dal sopraggiungere di improvvise folate di vento o dalla caduta di un ramoscello d'erba (difficili da captare per un occhio inesperto) - eroga molteplici percezioni di colori, secondo una mappa cromatica di sfumature azzurrine, rosa, verdi riproposta dal pittore nei quadri appartenenti alla serie de *Lo stagno delle ninfee*, concepita come un'armonia di colori dove a prevalere sono tonalità talora rilassanti, talora squillanti. Anche il ciclo de *Lo stagno delle ninfee* documenta i progressivi sviluppi astrattisti dell'arte monetiana. Sono tutti dipinti che colgono un angolo del giardino di Monet a Giverny, con il ponte giapponese sospeso tra due chiostre di salici piangenti che con la sua orizzontalità divide lo spazio pittorico in due parti: la frescura scaturita da queste opere è notevole, complice la schermatura offerta dalle morbide chiome delle alberature e il refrigerio recato dallo stagno stesso, impreziosito - ovviamente - dalle immancabili ninfee. Si può notare come i primi quadri appartenenti alla serie descrivano con grande precisione la morfologia del paesaggio rappresentato, pur nell'assenza di effetti di prospettiva. Con il passare degli anni, invece, i confini tra forma e colore iniziarono a farsi sempre più sfumati, fino a quando la superficie pittorica diventa puro cromatismo astratto, con le pennellate dense e corpose che arrivano a «disintegrare del tutto ogni residuo figurativo» (Cricco, di Teodoro), tanto che spesso è quasi impossibile riconoscere il soggetto di cui parla il titolo. Opere come *Il ponte giapponese* o *Salice piangente* si ripiegano verso le proprie potenzialità espressive, «spingendosi oltre le possibilità dell'umano vedere» (Gavioli).

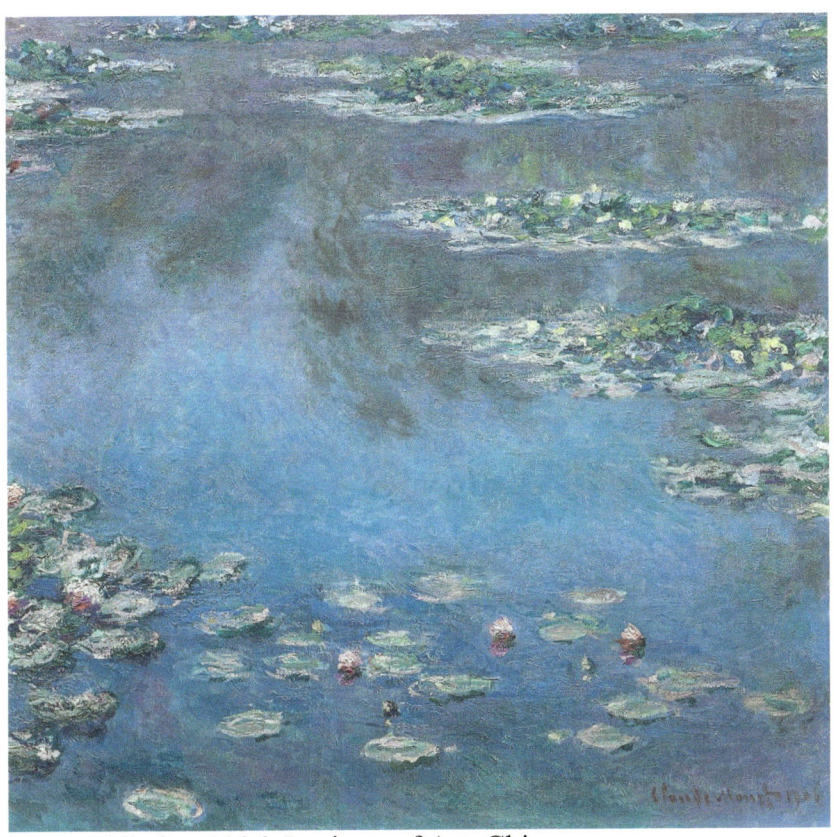

Ninfee, 1906, Institute of Art, Chicago.

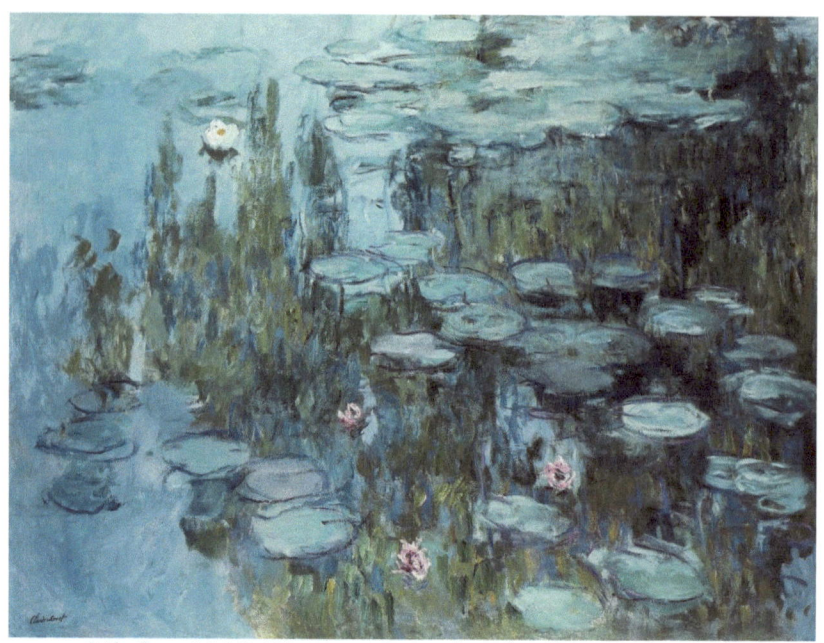

Ninfee, 1915, Pinacoteca nazionale di Monaco di Baviera.

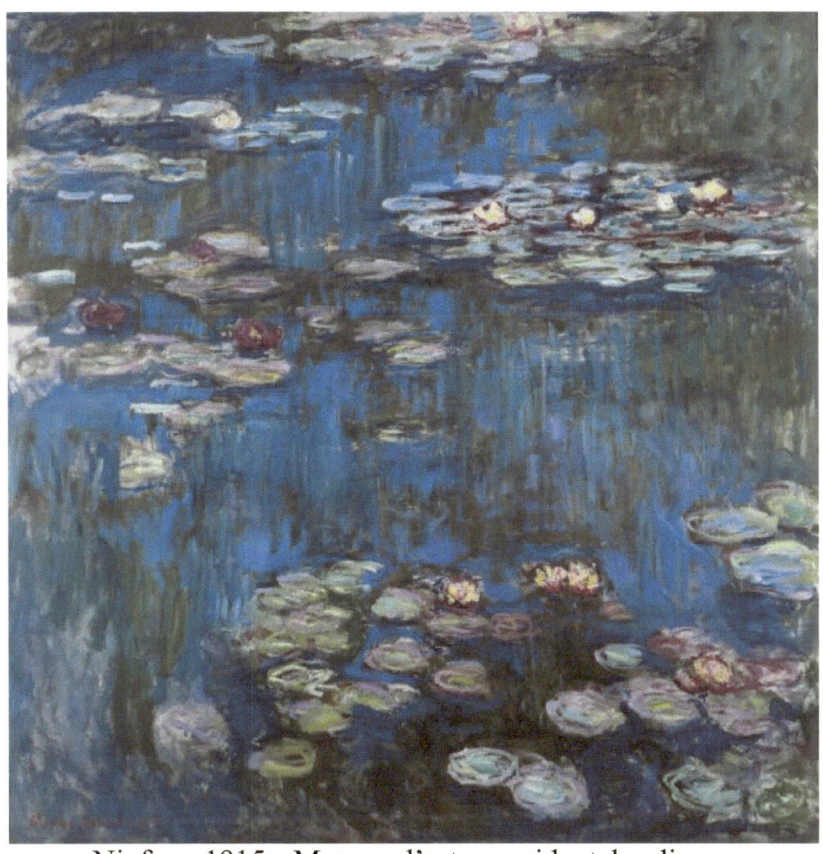

Ninfee, 1915, Museo d'arte occidentale di Tokyo.

Il soggetto dello Stagno delle ninfee è ispirato al giardino acquatico in stile giapponese che Monet aveva creato presso Giverny, e che è stato uno dei suoi oggetti di studio principali per più di 20 anni. Lo scopo del pittore era quello di osservare e ritrarre lo stesso soggetto svariate volte, in orari del giorno e condizioni meteorologiche differenti, così da catturarne ogni sfaccettatura. Esistono infatti circa 250 dipinti dedicati alle ninfee. Lo spazio pittorico è diviso orizzontalmente in due parti da un ponticello di legno, decorato da piante. Il fatto che non sia rettilineo ma formi una curva fa in modo che l'elemento architettonico sia in armonia con il paesaggio e non ne spezzi l'equilibrio. Le tonalità predominanti sono quelle del verde, la cui intensità e brillantezza cambia a seconda dell'effetto che la luce provoca sugli elementi naturali. Le chiome degli alberi e lo stagno presentano tonalità di verde scuro e blu che conseguono all'obiettivo di creare profondità, mentre il verde chiaro e il giallo sono utilizzati per creare i riflessi luminosi sulle foglie e sull'acqua. Sul ponte si osservano sfumature di verde molto chiaro, quasi bianco, poiché in estate veniva ricoperto dal glicine. Le ninfee dello stagno non sono costituite da tratti precisi, bensì da pennellate bianche, rosa e talvolta rosse, macchie di colore accostate l'una all'altra che insieme concorrono a rendere la delicatezza del fiore. Altri elementi rilevanti nel dipinto sono il salice alla sinistra e i fili d'erba in basso a destra. Il primo spicca sugli altri alberi per via delle numerose e brevi pennellate verticali che costituiscono la struttura del suo fogliame. I secondi invece sono realizzati con tratti verticali ma lunghi, che riprendono la curva del ponte conferendo all'opera maggiore armonia. Gli alberi sullo sfondo sono salici,

canne, nasturzi ed il paesaggio risulta essere
un luogo idilliaco, pervaso da un clima di
serenità. I colori cambiano in ogni quadro
della serie: in alcuni accanto al verde, per
esempio, domina il giallo, in altri l'azzurro, e
in altri ancora il rosso.

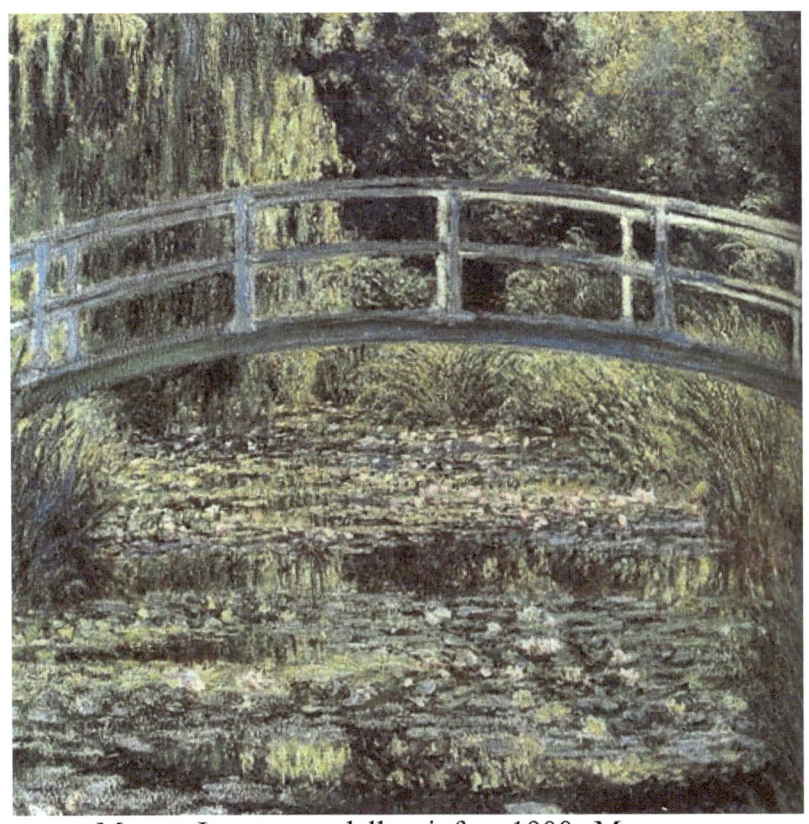

Monet, Lo stagno delle ninfee, 1900, Museo
d'Orsay, Parigi.

Proprio su questo stagno, come dicevamo, viene costruito il ponte giapponese. Si tratta di un tema che gli deriva dalla sua passione per l'arte di quel paese, del resto Monet è anche un grande collezionista di stampe giapponesi. Dunque sullo stagno delle ninfee piovono i rami dei salici piangenti, si specchiano gli iris, gli agapanti ed i glicini bianchi e lilla. Ad un certo punto, tutto questo paesaggio riflesso diventa una matassa inestricabile, così definito da uno dei visitatori di Monet in questo periodo: il Duca di Treviso. Questo visitatore illustre dirà che queste matasse inestricabili sono di un colore di cui solo lui (Monet) è in grado di trovare il bandolo. Questo visitatore colto è anche un po' perplesso a causa di questi intrighi cromatici e di questi impasti in cui il colore è così materico, tanto da sembrare totalmente incomprensibile. Monet in questa fase ha dei problemi agli occhi. Malato di cataratta, si opererà soltanto nel 1923, dunque alcuni quadri verranno ritoccati dopo, ma l'effetto dell'operazione provoca in lui delle alterazioni e dunque in un certo punto era come se l'artista vedesse tutto giallo o tutto blu. Però, veramente attribuire a questi problemi di vista l'evoluzione della sua pittura in questi anni è forse un po' limitativo. Certo, in un maestro della visione, perdere anche di poco questa straordinaria facoltà percettiva dev'essere stato drammatico e tuttavia, poi, la possibilità di valutare ciò che sta facendo, Monet l'ha conservata. Diciamo che sta succedendo l'esatto opposto rispetto a ciò che era accaduto a Cezanne. Mentre Cezanne era l'artista della profondità, andando a fondo nelle sue sensazioni, rendendole solide e andando verso una certa tridimensionalità, Monet decide di restare sulla superficie. Cezanne, infatti dirà di lui "Monet è solo un occhio ma mio Dio che occhio". È la scelta di rimanere alla superficie che porta l'artista a rimanere sulla soglia di ciò che poi sarebbe stato l'Espressionismo astratto. È esagerato dire che la pittura di Pollock derivi da quella di Monet, ma di certo c'è stato questo passaggio fondamentale della visione e più che nelle ninfee, in quanto tali, è proprio la veduta del ponte giapponese, nel suo contorno e nel suo riflettersi nell'acqua, che rende questi paesaggi incredibili. Si tratta di una giungla anche dal punto di vista degli effetti di colore. Non si vede più il cielo, quindi vi è soltanto la vegetazione e l'acqua con tutti i suoi riflessi. Nel dover rimanere confinato in questo paradiso che si era creato, Monet, in qualche modo, deve anche rendere vari questi motivi. Sono motivi che lui rende possibili grazie alla sua sapienza dei giardinieri in tutte le stagioni, però certamente è questa fissità, questa ossessione a portarlo oltre i limiti della visione tradizionale. Nel momento in cui la Francia vince la guerra, quindi appunto nel 1918, anno di questo quadro, Monet si impegna a donare alla sua patria qualcosa di speciale. Come vi dicevo all'inizio, il patto che farà con il governo francese sarà l'acquisto delle sue donne in giardino del quadro che da giovane gli era stato rifiutato, e poi l'artista si impegna a donare delle tele di ninfee. Monet continua a negoziare fino alla fine, anche perché incerto su quale delle ninfee destinare a questo luogo speciale, quello che lui stesso definirà un grande acquario fiorito. Nell'ultima fase della sua vita, quindi, le ninfee, il giardino e tutto questo straordinario mondo vegetale, nel quale vive, prendono sopravvento su qualunque altra cosa. Tuttavia è un po' l'altra faccia della tematica delle Avanguardie. Queste ultime si erano tuffate nella vita e gli artisti avevano cercato di incidere la realtà, mentre Monet si ritrae e la sua sembra una posizione di retroguardia, sembra quasi l'ultimo esponente di una corrente superata, trovandosi invece nella straordinaria insistenza su ciò che rende irriducibile completamente la pittura alla fotografia. Finché esiste l'occhio umano e finché questo organo straordinario è in grado di vedere, nessuna macchina potrà mai eguagliarlo e la pittura sarà sempre la pittura. Se noi non sapessimo la serie a cui appartiene, faremmo fatica a distinguere il fatto che si tratti di un ponte e che in alto vi è uno straordinario pergolato di glicini, nonché dei salici piangenti e, ancora, riflesse delle ninfee, e se non sapessimo tutto questo, non saremmo in grado di distinguere nulla: tutto ciò è semplicemente straordinario. È dunque un quadro nel quale, oltretutto, la pennellata raggiunge effetti di grandissimo spessore, in cui l'artista continua a ridipingere sulla sua stessa pittura, ma la matericità della pittura di Monet non ha minimamente ridotto la sensazione di leggerezza. E, dunque, filtra la luce, filtra il sole e l'effetto di mobilità dell'acqua, l'effetto delle fronde dal vento rimane. Ancora una volta Monet riesce a fissare l'impressione fuggevole, però è proprio in questo prendere il paesaggio pieno che sta la novità di un quadro come questo. Non c'è cielo, non c'è nulla, solo superficie occupata da pittura densa in cui la comprensione del soggetto diventa totalmente irrilevante. Diciamo che, per usare i termini che abbiamo spiegato prima, l'effetto ha completamente sovrastato il motivo e la sensazione è diventata molto più importante di ciò che la genera.

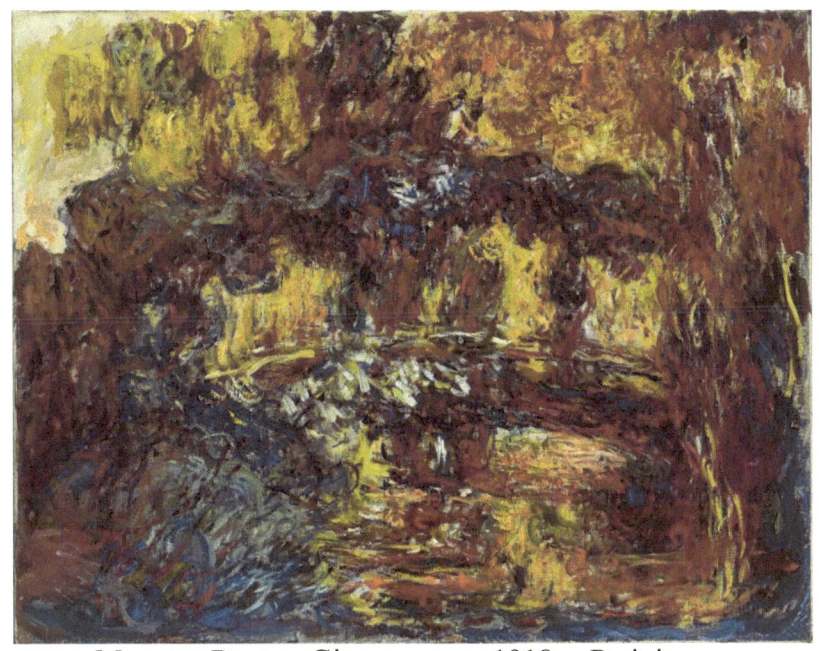

Monet, Ponte Giapponese, 1918, Parigi, Museo Marmottan Monet.

Ninfee rosa

L'idea di coltivare delle ninfee nel suo giardino, venne a Monet, probabilmente, nel 1889, visitando l'esposizione universale che si tenne a Parigi in quell'anno. Qui vi era uno stand di un famoso vivaio che coltivava, appunto, delle ninfee colorate. Monet, quindi, nel 1893 intavola una complessa trattativa con la città di Giverny per comprare un pezzo di terreno che gli consenta di realizzare lo stagno delle ninfee. La sua abilità come giardiniere è sensazionale, eguagliando quasi quella di pittore. In questo stagno, nel 1893 e nel 1894 vengono collocate diverse specie di ninfee e anche di fiori di loto. In particolare il vivaio che aveva visto in quello stand crea una ninfea rosa ed è proprio quella che vediamo nel dipinto in questione. Si tratta di un quadro di ninfee apparentemente piccolo rispetto a quelli giganteschi che l'artista dipingerà e donerà allo stato francese (oggi conservati presso l'Orangerie di Parigi). Il dipinto fa parte nel gruppo di 8 dipinti iniziali, i primissimi, proprio quelli che l'artista aveva dipinto per realizzare la grande decorazione sognata già nel 1897, ma realizzata soltanto molti anni più tardi. Come scriveva Proust, che era uno dei grandi scrittori che più hanno amato l'arte di Monet "le sue ninfee danno la sensazione di fiori che siano sbocciati in cielo perché non c'è più la sensazione del sopra e del sotto".

Vi è questa sensazione di sospensione assoluta, ed è la luce riflessa nell'acqua ciò che rende molto particolare questo quadro. Dobbiamo immaginare che paesaggi senza cielo né terra, ma semplicemente fatti con il riflesso, non c'erano ancora stati nella storia della pittura europea e certamente questa capacità, di Monet, di guardare oltre e di guardare alla pittura orientale per cercare uno spunto vitale in un'arte che fino a quel momento era stata utilizzata soprattutto per le sue doti decorative, è un qualcosa di davvero interessante. Tuttavia vi è un altro fatto eccezionale, ovvero il ritorno dei due colori: rosa e azzurro. Questi colori, un po' troppo sentimentali, sono ben riscattati completamente da Monet. Già all'epoca, un grande poeta come Stefan Mallarmé aveva detto "la passione e la specialità di Monet è il paesaggio acquatico" ed in effetti il paesaggio acquatico per Monet diventa una vera ossessione. Opere come questa, alla fine della sua vita, saranno, lui dirà, quasi un incubo "questi paesaggi acquatici…non riesco a staccarmene". Il tema dell'acqua che abbiamo visto in precedenza nel Ponte di Argenteuil o nelle rappresentazioni del Tamigi o di Venezia, sono certamente una caratteristica distintiva di questo artista, però la ninfea rende tutto questo quasi astratto, come un puro gioco di colore e luce, di movimenti, come un arabesco. Consapevole del potere decorativo della ninfea, Monet introduce questo tema nei suoi quadri, e questo stesso tema gli prende la mano, divenendo la sua alternativa principale a tutti i generi: al paesaggio, alla natura morta, al ritratto. Queste ninfee difatti sono colte nella loro individualità e nel momento in cui l'artista ritrae il suo giardino, egli rappresenta sé stesso due volte nella sua opera di pittore, ma anche nel prendere spunto dalla sua natura. È una natura artificiale che lui stesso ha creato per realizzare i suoi dipinti, è un modo per richiudersi in sé stesso: non c'è più il mondo di fuori, c'è solo il mondo recintato del suo giardino ed è una natura ormai completamente artificiale quella che renderà la pittura di Monet, di questo periodo e di questo genere, sempre più vicina all'arte astratta.

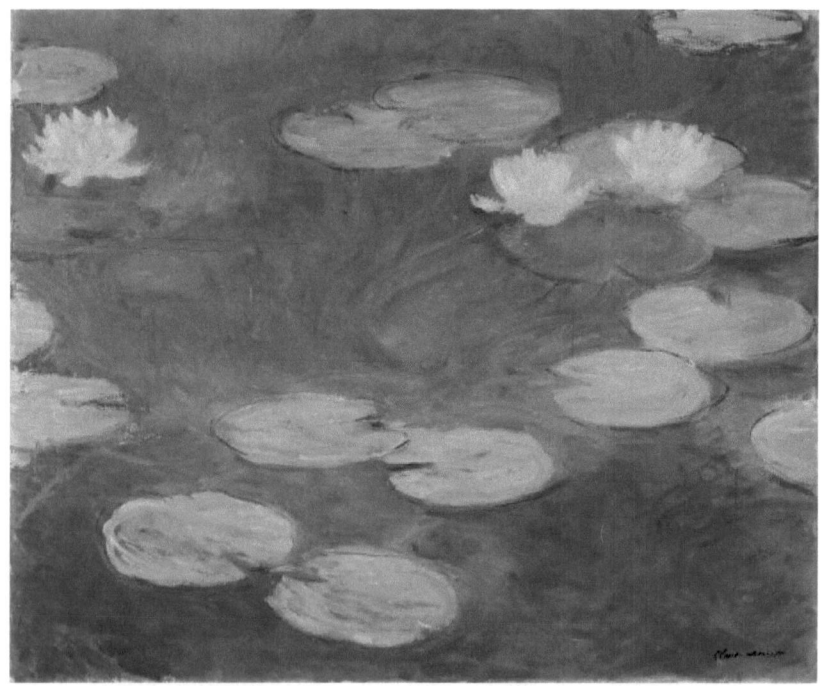

Monet, Ninfee rosa, 1898, Galleria d'arte moderna, Roma.

Biografia dell'autore

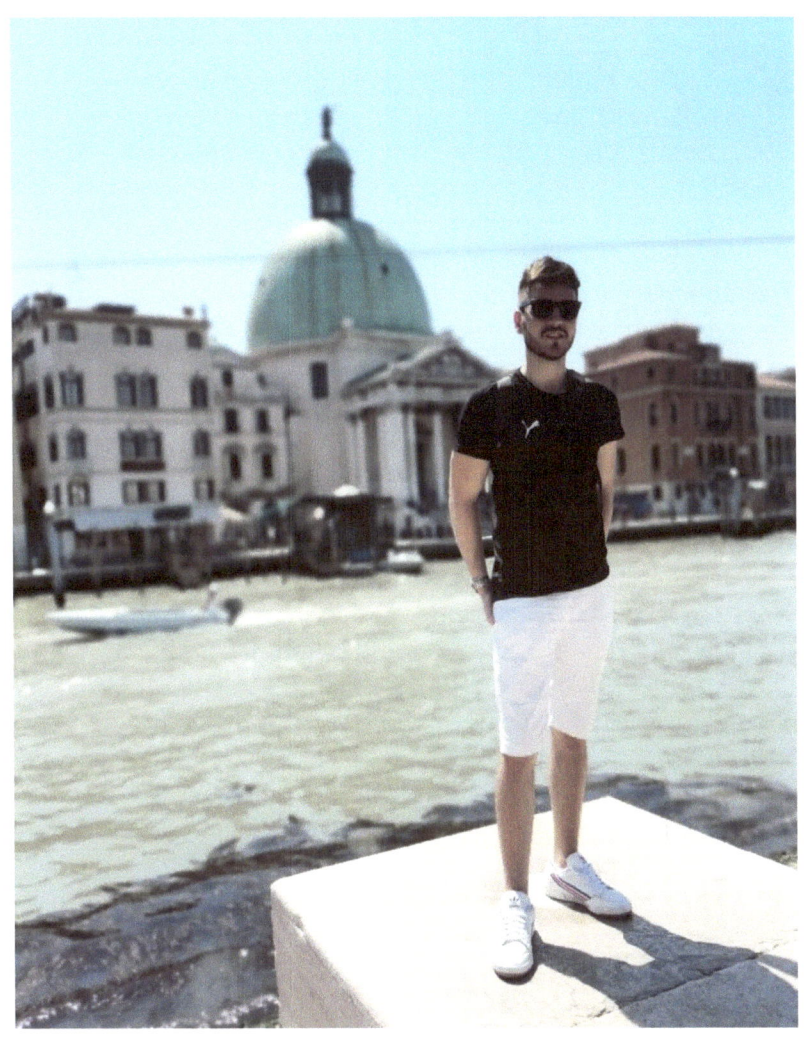

Nato a Gela (CL) il 25/03/1997, Dario Romano è laureato in Lingue e Culture Moderne all'università Kore di Enna ed è un esperto dell'arte ed amante della natura e delle materie umanistiche. Ha già scritto numerose collane e libri su periodi storici artistici e architettonici come il Rinascimento, il Barocco ed il Neoclassicismo e su artisti come Tiziano, Canova, Caravaggio, Velazquez, Canaletto, Tiepolo, Rembrandt, Rubens e tantissimi altri. Dario ha lavorato come guida su Leonardo da Vinci alla mostra "Leonardo ed il genio del volo" che si è tenuta presso il teatro Eschilo di Gela nel 2023, occupandosi del lato ingegneristico-architettonico del periodo storico del Rinascimento e delle figure di Vitruvio, Leonardo da Vinci e contemporanei. Alla passione per la lingua spagnola, la musica (compone e suona la chitarra elettrica per hobby) e i viaggi culturali in città d'arte ed in luoghi naturali, unisce quella della scrittura di libri di arte e di bellezze naturali. Dario è anche proprietario e fondatore del blog Arte Divulgata, uno spazio in cui si impegna a divulgare, criticare e analizzare l'arte, spesso anche in relazione ad altre forme d'arte come la letteratura e tante altre, attraverso dei confronti tra artisti.

www.ingramcontent.com/pod-product-compliance
Lightning Source LLC
Chambersburg PA
CBHW050814290526
45792CB00001B/113